手领导力
手执行力

领导要稳，执行要狠
卓越中层的15条管理法则

鲁克德◎著

黑龙江教育出版社

图书在版编目（CIP）数据

左手领导力　右手执行力 / 鲁克德著. -- 哈尔滨：黑龙江教育出版社, 2017.2（2019.5重印）
（读美文库）
ISBN 978-7-5316-8427-5

Ⅰ. ①左… Ⅱ. ①鲁… Ⅲ. ①企业领导学 Ⅳ. ①F272.91

中国版本图书馆CIP数据核字(2017)第037257号

左手领导力　右手执行力
Zuoshou Lingdaoli Youshou Zhixingli
鲁克德　著

责任编辑　高　璐
装帧设计　MM末末美书
责任校对　李欣欣
出版发行　黑龙江教育出版社
（哈尔滨市群力新区群力第六大道1305号）
印　　刷　北京柯蓝博泰印务有限公司
开　　本　880毫米×1230毫米　1/32
印　　张　7
字　　数　140千
版　　次　2017年7月第1版
印　　次　2019年5月第3次印刷

书　　号　ISBN 978-7-5316-8427-5　　　**定　　价**　26.80元

黑龙江教育出版社网址：www.hljep.com.cn
如需订购图书，请与我社发行中心联系。联系电话：0451-82533097　82534665
如有印装质量问题，影响阅读，请与我公司联系调换。联系电话：010-64926437
如发现盗版图书，请向我社举报。举报电话：0451-82533087

前　言

Preface

所谓“左手领导力，右手执行力”，是指团队的执行力，取决于领导力的高低，或者说，领导力最终要通过执行的结果来证明。

哈佛商学院的研究人员，把担任领导职务的人分为变革型领导和执行型领导。变革型领导的作用是创建愿景和提出新的使命、目标，而执行型领导的作用是把愿景、使命和目标变成现实。

网上有一个关于马云的段子说：“马云很牛，是因为这些年，他吹过的牛都实现了。”

2009年有记者问了马云：“为什么你能有今天，而同样聪明的中国电子商务的第一人王峻涛却还在为创业努力？”

马云说：“我在前面说、演讲、做宣传、作势、吹牛，而我背后，有一帮人在实干，苦哈哈地卖力干，而王峻涛身后没有‘十八罗汉’。我说过了，有人做；他说过，就说过了，说过了而已。”

王俊涛和马云在20世纪末，都看到了电子商务的巨大商机，他们都以变革型领导的姿态站在时代的“风口”上，差别在于，马云的背后还站着一只强大的执行型领导团队！

关于变革型领导与执行型领导的区分，也有不同的观点。

以培养指挥官和将军闻名于世的美国西点军校，其毕业生遍布军界、商界和政界，大多能脱颖而出成为精英和领袖。这一切都得益于西点军校自成体系的“领导力训练”和“执行力训练”课程。在西点军校人的心目中，领导力和执行力根本就是一回事，没有执行力，你还怎么当领导？

总而言之，一切组织和个人的兴衰都源自领导和执行。无论100年前还是100年后，只要身在工作场所，就一定需要学习并不断在这方面提升你自己。

领导力和执行力不是与生俱来的天赋，它是可以学习掌握，并能逐步提升的思维模式，一旦了解其中的秘诀，任何人都能很快拥有领导力和执行力。

本书将为你揭开领导力和执行力的秘密。你可以领会书中的15条法则，并身体力行，学习在任何场合影响和领导他人，带领团队完成“比难更难”的事，成为无论何时都能被人追随的卓越领导者。

目 录
Contents

第 3 章 如何订制度，下属最有执行力？

第 4 章 如何沟通，下属最有执行力？

第 5 章 如何设计竞争机制，下属最有执行力？

第1章

如何设定目标，下属最有执行力？

贝尔纳是法国著名的作家，一生创造了大量优秀的小说和剧本，在法国影剧史上占有独特的地位。

有一次，法国的一家报纸进行了一次有奖智力竞赛，其中有这样一道题目：如果法国最大的博物馆卢浮宫失火了，情况只允许抢救出一幅画，你会抢哪一幅？

结果，该报收到了成千上万回答，有人说要抢救达芬奇的画，有人说要抢救最名贵的那幅画，有人说要抢救最有历史价值的那幅画……

贝尔纳的回答是：“离出口最近的那幅。”

最后，竞赛的评委们一致认定贝尔纳给出了该题的最佳答案，应该获得奖金。原因是他的答案也许不是最完美的，但在失火的紧急情况下，却是最可靠的。

“抢画”法则：要从企业的外部环境和内部资源这两个基本现实出发来制订目标，而不要靠想、清谈、一厢情愿来制订目标，因为目标最终不是用来想和说的，而是用来指引我们做什么的。

执行的失败，很多根源于目标

今天的企业管理者都懂得进行正确的市场定位和制订明晰的战略目标的重要性，很多人也认同安德鲁·卡耐基的名言：“正确的市场定位和明晰的战略目标，是企业经营成功的一半。”应该说这是企业界的一大进步，那些不知道定位和战略为何物的经营者正在退位给武装了先进知识的新一代经理人。

但是，如何定位以及如何制订战略目标这样的基本问题却仍然在困扰着今天的企业领导者。领导者大多倾向于制订较高的战略目标，因为较高的战略目标有它的好处，例如：

较高的战略目标会给股东一个较好的利润心理预期，带来投资信心的增加。

较高的战略目标会给经营伙伴——供应商或经销商带来较好的心理预期，刺激合作信心的增加。

较高的战略目标会给消费者带来较好的心理预期，刺激消费信心的增加。

较高的战略目标看上去更为完美，能够体现制订者的领袖魅力。

较高的战略目标有利于对目标执行者提出挑战，激发其个人潜能的发挥。

请注意：这5点好处中前4点都产生于人的心理。如果经理人只看到上述好处，那就很可能踏入目标制订的误区。从企业的现实——所处环境的现实和所拥有资源的现实——出发来制订目标，这不仅是一项基本的原则，而且也是较高目标能够产生积极作用的基础。如果目标超出了企业的能力所及，当它与现实脱节时，将变得毫无意义。

许多任务看上去是执行的失败，但其根源却是目标本身。

使目标更易执行的三个因素

常听到经理人的抱怨："如果当初我的想法得到执行的话，我们的盈利空间会更大”“如果高层真正重视这个领域的发展的话，就应该早一点采用这计划”，等等。

当听到这样的抱怨，我们首先想到的就是这个企业的机制有问题，或者高层的决策效能有问题等。但是有没有人问问提出抱怨的人：“你自己有没有问题？”如果这样问的话，你会得到不一样的答案。

一个新产品开发团队在他们执行开发任务时进行了如下过程：

团队成员进行了深入的产品研发、明确了市场的规模、收集了用户的数据、分析比较了竞争者的产品，并在此基础上制订了一个非常吸引人的商业计划。

这些人过去都很擅长运用商业思维，于是，他们千方百计地安排了一次同公司CEO、部门负责人和执行副总裁的会议。他们很精彩地演示了产品。虽然这个新产品还有待于生产出来，但是它已经达到了主管们的期望。在会议结束时，他们问这些主管：“如果你们给产品打分，分数从1到10，你认为成功的机会可以打多少分？”

每一个主管都非常热情地打了10分。公司CEO甚至强调要把它作为公司的战略发展方向之一。会议之后，这个团队马上被授予“最好想法”的荣誉和奖励。整个团队陶醉于胜利之中。可是后来证明他们当时是多么幼稚。

虽然他们的计划很好，但是他们忘了一件小事：他们没有要求公司为项目分配时间、人力和金钱。他们想当然地认为这些东西会自动地随之而来，但事情并不是这样的。相反，主管们到此就没有下文了，而好机会却在慢慢消失。于是，他们不得不再花几个月的时间去重新设计项目启动方案。他们亲身感受了由于未能提出这三个看似微不足道但却直观重要的问题所带来的痛苦。

假如你不向公司谈及并要求项目时间、配备合适人才资源和资金投入保证，那么你的项目将面临重重风险。

这就是你的好点子、好项目、好计划常常被束之高阁的原因。

在你充分了解自己所能支配的资源之前，最好不要开始思考执行的问题。这就是“抢画法则”要讨论的第一个要点。

概括来说，制约你制订目标执行的因素大致有以下几个方面，如果它们没有到位，那将成为执行的三个瓶颈。

1.明确的时间

第一个需要弄清楚的资源是时间——这个项目什么时候开始，什么时候要看到结果？如果你打算立即启动执行并且尽快在短时间内结束，那么你就需要更多的人员。如果时间很宽裕，你需要的人员可能就少一些。

因为项目执行的时间跨度会影响项目需要的人数，人数又将影响项目成本，所以首先从时间入手。关于时间问题，应直截了当地提出：

你希望这个项目什么时候开始？

你想要什么时候看到项目结果？

时间并不是个困难或敏感的讨论议题——你只要记得问就行。但是，如果你漏掉了，它可能会导致误会、挫伤积极性和减慢决策速度。确定时间的目的就是确保你和你的同事就进度安排达成一致意见。

有时候，那些你想要说服的人对项目完成的时间抱有不切实际的期望。他们常常希望尽快完成项目，尤其是那些单纯追求执行速度的人。如果他们对项目完成时间的态度呈现出“加速、更快、焦虑”的迹象，就要找出他们期望尽快完成的原因。加快项目速度的要求，也许正确、有道理，也可能缺乏理由。

2.适当的人才

下一步是关于人力资源的问题。每个人都需要了解这个项目需要投入多少工作量。你要确定你的要求已经得到充分保证：在适当的时候，适当的地方得到适当的人才。

例如，有了管理层的支持和拥护，你才能在项目碰到困难时继续前进。你不用知道他们具体是谁，你只要知道他们应该具备的能力和经验。你可以说："我们需要像莎拉一样的人。"同时，你也简要地想想关于项目进度和公司内外人力资源的相对调配问题。

如果不科学地规划好人们参与项目的工作时间，配置最胜任的执行成员去设计和选择行动方案，并且成功地进行项目实施，那么成功的结果是不会奇迹般地降临的。正确的人员参与执行时，所遇到的障碍常常表现为一种极端的情况——有些人可能要求做得太多，有些人则希望做得更少。

总之，你要尽早提出问题并且动脑着手解决。

3.资金能否到位

至此，你已经考虑了时间和人力方面的问题。现在到了大家最喜欢和关心的部分：金钱。如果到目前为止，人们对你还不错，同你合作良好，那么需要做好心理准备，因为形势可能急转直下，变得艰难和古怪。一旦到了讨论金钱的时候，牵扯的精力激增，人们都会变得非常不自在。

关于金钱的讨论之所以令人觉得不舒服，是因为在此之前，你们只是在纸上谈兵——只是在想象，可是现在你们正在讨论的是如何投入真刀真枪、真正地去做一件事。人们开始感到投资带来的责任和压力。当仅仅处于讨论阶段时，人们随时可以走开不管。可是，若企业为这个项目投入了资金，如果事情不成功，那么你就有责任来说明为什么不成功。

当你只是在选择产品或搜集资料时，你感到压力有多大？应该不是很大。但当企业签字付款的时候，你会觉得你内心的压力有些改变——可能是很大的改变。

时间、人力、资金是执行的基本要素，在制订目标、提出项目时，要充分考虑这些因素，否则，它们会让目标和项目胎死腹中或者将成为执行过程中的“不定时炸弹”，时时制约着整个执行的进程，成为有效执行的瓶颈。

使目标更易执行的外部条件

在“抢画法则”所讲的故事当中，贝尔纳的答案之所以是最佳答案，是由于他充分考虑到了当时的外部环境——卢浮宫失火了。企业所处的市场环境是制订目标应充分考虑的因素之一，这是“抢画法则”要讨论的第二个要点。

当第一次世界大战将人们的人道、博爱、和平的价值观碾得粉碎的时候，许多人都开始失去了精神追求，并且不敢正视现实。在当时的美国，指间夹着香烟几乎成了所有年轻人表达自己沮丧的一种流行方式。尤其是劲道十足的雪茄，更是年轻人的首选。许多公司都从中看到了巨大的商机，于是纷纷为自己设定了新的目标：要进军香烟市场。莫利普·菲里斯公司也不例外。它们在广告中花费了巨资——在广告中频频出现一些靓丽的女郎，她们悠然自得地吞烟吐雾，他们相信这样的广告一定会更加吸引人们，并因此给公司带来丰厚的利润。但是他们推出的万宝路香烟并没有获得人们的青睐，于是许多经营者都纷纷表示了自己的担忧：“这会不会让我们的产品遭受有史以来最严重的失败？”

但是，高层管理者却胸有成竹地说：“不要害怕，用不了一年的时间，我们的产品就会打开美国市场，到时数钱都来不及呢！”

一年过去了，万宝路香烟依旧没有进入大众的视野。

十年过去了，万宝路的包装也换了几次，广告中的女郎也变得更加靓丽了，但是他们期望的热销场面依然没有出现。

于是，高层管理者们再也坐不住了，他们开始探究出现问题的原因。

是产品的质量没有保证吗？要知道从选料到加工，直到包装，绝对是精益求精。

是产品的价格不被大众接受吗？当然不是。价格始终是管理者们认为最具有竞争力的因素。

是广告投入不足吗？十几年来，公司在广告中的投入越来越大，促销费用在同行中是数一数二的。

所有的经营者都绞尽了脑汁，却无法得出企业的症结所在。直到十年之后，一位高层管理者才明确地提出：“是不是企业对目标市场的认识出现了什么问题？”

这位管理者的疑问拯救了万宝路。他提出的问题引起了其他管理者的高度重视，最后大家一致赞同抛弃二十多年前的产品定位，将企业产品的目标市场转变为以男性为主导——广告中，用富有阳刚之气的男子汉取代了原先娇美的女士。

一时间，引起了许多烟民的青睐，万宝路开始成为美国市场上最畅销的品牌，公司的业绩在一年之后，增加了三倍。

万宝路的高层决策者曾经靠着自己的想象预测产品的销量，结果是惨败。当他们认真地研究市场，重新认识产品的市场定位时，他们获得了成功。

由于市场的变化令经理人目不暇接，因此有的经理人索性对市场的变化报以淡漠的反应。对此，美国管理学家约翰·卡那阐述了自己的看法。他认为，市场的变幻莫测多少会影响经理人迅速做出决策。但是，这不应该成为理由，优秀经理人的决策才华和执行才华往往是在瞬息万变的市场变化中显现出来的。

优秀的经理人应当不断的思考下列问题，并在寻找答案的过程中制订出最佳的决策和现实可靠的目标。

1.外部环境变化的趋势如何？

企业是在不断变化的政治、经济、文化和社会背景下运营的，所以合理的战略计划必须考虑外部环境的影响。决策者应该考虑到经济和人口趋势、政策变革、技术更新、竞争对手之间的合作，直到产品需求变化等各方面的因素。大家所面对的环境都是相同的，而成功者和失败者之间的主要差别就在于他们感知外部环境变化，以及根据情况变化及时进行政策调整的能力。

2.公司现有客户消费偏好如何理解？

在分析问题的时候，人们通常是从制造和销售产品的角度来考虑问题，而忽视了客户的购买行为和偏好变化。关键是要了解那些实际做出购买决策的人以及他们的购买行为。比如说，在大型的工业公司里，做出购买决策的大多是工程师和采购代表。在小公司里，财务总监有时甚至总经理是主要的采购决策者，因为他们要对公司的现金流保持关注。

3.公司的商业模式如何变化？目前企业发展的主要障碍是什么？

你的企业是否需要开发新产品？还是应该将现有的产品打入新的市场，推荐给新的客户？它是否需要收购其他公司？与竞争对手相比，它的成本结构如何——公司准备采取什么措施来改进自己的成本结构？

4.你的竞争对手都是谁？他们的策略和致命软肋在哪里？

古语说："知己知彼，百战不殆。"而战略制订实际上就是分析竞争对手的过程。在某些情况下，新的竞争对手突然出现——它们往往能够对客户形成更大的吸引力，但是很多企业都没有意识到。还有些人的问题恰恰相反——由于没有正确地分析形势，他们过高地估计了对手，并因此丧失了宝贵的市场机遇。因此，要充分研究竞争对手，特别是研究他们的核心竞争力和软肋。

5.你的企业能否执行这项计划？

有很多企业失败的原因就在于它们的领导者没有对自己企业的

执行能力做出符合实际的评估。如果你是一名称职的领导者，你就一定要对自己组织的执行能力有着切实的了解。但事情还没有完，你还需要注意聆听客户和供应商的意见。要求公司的所有领导者都养成这种习惯，并要求及时对听到的信息进行总结。

6.你的企业目前正面临着哪些主要问题？

俗话说“人无远虑，必有近忧”，企业也一样，每个企业总是面临着一些主要问题。这些问题需要企业合理的对待，否则很可能成为企业发展道路上的绊脚石。要解决这些问题，企业的领导者必须进行大量的研究和思考。在战略计划中界定出这些问题无疑是非常重要的。

7.这一战略是否具有极强的针对性？

当企业准备通过扩大产品范围的方式来实现利润增长的时候，它们经常会遇到的一个问题就是进行超负荷运营，也就是说，它们的服务和产品已经超出了自己的实际能力。

通用汽车、宝洁和许多其他公司就曾经犯过这种错误。通用汽车旗下曾拥有50多个汽车品牌，这些品牌涉及小轿车、卡车、工程运输车、货车等多种类型的汽车产品，在2004年，你会发现，通用汽车在全球的战略重点是集中在别克、沃尔沃等高档小轿车的市场上。其实这种战略聚焦早在20世纪90年代就开始了。美国联合利华公司经过多年超负荷的、“自由”的发展之后，2001年，该公司开始解决这种漫无目标的发展问题，将自己的品牌数量减少到400个左右。结果它的边际利润和收入都出现了明显的增加。

当企业准备通过扩大产品范围的方式来实现利润增长的时候，计划的制订者应冷静、客观、有耐心地思考以下问题：

这个计划是否过于宏伟了？我们应该怎样设定各项工作的先后顺序？

我们的领导团队是否同时进入了太多的市场空间？这种做法是

否影响了我们在原有市场空间中的主导地位，或者我们是否会因为进入新的市场而彻底失去原有的市场？

8.人员和企业运营之间的连接是否清晰？

要想真正解决我们前面谈到的问题，你必须将企业的战略流程与人员和运营流程联系起来。你和公司其他领导对这三项流程了解得越多，你们就越能够做出符合实际的战略选择。当运营计划的前几页描述了新的战略方向、所需要的资源以及企业在来年的季度项目时，战略和运营之间的联系就变得非常透明了。例如：

（1）必须清晰地列出它将如何与新的客户群建立关系，以及在新的市场空间中提供合格产品的具体方案是什么？

（2）如果需要对原有的组织结构进行调整，新的组织结构将需要怎样的销售管理技能？

（3）企业是否分配了足够的资源来保证在来年能够进入新的市场空间？

（4）企业每个季度的具体工作项目有哪些？这些项目的资金来源如何解决？对于一个企业来说，它每个季度都需要一定的收入来源，这是否会与公司的季度项目相冲突？（高明的领导者们总是能够在短期和长期利益之间做出适当的选择）

（5）你是否拥有必要的人员来完成这些任务？

（6）你是否分配了足够的时间来完成必要的工作？

（7）在制订计划的时候，你所预想的前提条件是否符合企业的现实情况？

你必须确定自己的组织希望（以及不希望）在哪些领域投资，并在制订战略计划的时候考虑到这些因素——我们称之为“内部指示器”。内部指示器一般包括以下几点：你希望进入的行业，你不希望进入的行业，你希望投资的行业，以及你希望获得收益的行业。

从现实出发让目标更易执行

唯有从客观现实出发才能发现真理。如果你对客观现实的认识存在偏差，那么从客观现实出发就不会得到真理。怎样才能认清客观现实，这就是“抢画法则”将要讨论的第三个要点。

我们的认识建立在我们所拥有的信息的基础之上。我们所拥有的信息的数量、质量和我们对待信息的态度将决定我们能否高效率地洞察现实的真相。

信息是现代企业的生命线，每一层经理人周围能否有合适的信息是经营成功的关键。企业常常有这样的情况：经理们都有最强的意愿和明确的动力，可是却缺乏明确的信息来做出可靠的决定。

出现这种状况的第一个可能原因是职位设计。在职位设计时没有设计出该职位获得信息的方式，或者没有授予他获得某种特定信息的权力，例如：没有授予销售经理查阅当月销售记录的权力。因此，在设计职位时，保证任职者拥有充分的信息，就是一个重要的原则。

第二个可能的原因是企业缺乏获得信息和交流分享信息的机制。这也是今天企业信息系统（MIS）、企业资源计划（ERP）大行其道的原因。任何企业要在日益激烈的市场竞争中求得生存和发展，都必须努力获取并科学利用全面准确的经济技术信息，尤其是关系企业决策成败的竞争情报。在市场环境因素瞬息万变的情况下，各竞争对手不断变换竞争策略，谁能及时掌握并运用好竞争情报，谁就能抢先行动，处于有利地位，成为市场竞争的强者，也因此，建立一个健全的企业信息系统成为企业能否在市场中及时应变的关键因素。

美国一家全球性电力集团AES公司，在内部采取了授权管理方式，通过开放平等的方式来推动信息流动。该公司的业务发展部经理刚被任命为越南业务负责人，负责一个大的投标项目，他就起草了一封电子邮件，详细说明自己所计划的投标项目及投标原因，并发送给公司大约300名员工。他收到了包括电厂领导和董事会成员们在内的大量回复，其中一位经理就某些技术问题的注意事项提供了大量信息。最后在正式投标中，他以比报价最低的对手低0.2%的价格险胜夺标。

信息获取和交流分享机制的另一个作用在于有助于下级理解上层的决策，这一点有着特别重要的意义，因为正确的执行，毫无疑问是建立在正确理解的基础之上。

然而我们看到身边的很多企业都花大钱创建了自己的内部信息系统，但是却没有看到明显的进步，这是为什么呢?

其实，无论信息系统多么先进，最终的效能还是取决于使用者对待信息的态度。我们的目的不是信息本身，而是通过信息认清现实，因此，对待信息的现实主义态度是关键。

现实主义态度是执行文化的核心，但对于大多数组织来说，里面的员工都是在尽量回避或掩盖现实。为什么呢？因为现实有时会使得局面变得非常残酷，尤其是设计利益的时候更是如此，有些领导者喜欢太平而不喜欢危险。

大企业更是如此，安然、世界通讯等的垮台与非现实主义的态度有直接关系。他们的高层决策者热衷于追逐虚幻的财务数字的完美，最终在现实中幻灭。

有些经理人只关注和重视那些通过正式的渠道获得的信息和情报。这是一个误区。对待信息的现实主义态度的另一个体现是：在关注硬信息的同时，最值得关注的还是软信息。

企业的信息系统承担的一个基本功能是把随意的话语、流言、推理、模糊的印象、破碎的事实——软信息——整理成公司的数据，并被硬化和集中，以易于理解的形式——硬信息——定期提供给使用者。换言之，不论企业的信息系统采用怎样的名称："信息技术""战略信息系统""专家系统""综合系统""MIS""ERP"，他们提供的都是硬信息，依赖的也是硬信息。

不幸的是，硬信息通常被证明有下列明显的缺陷：

（1）硬信息的范围通常有限，缺乏丰富性；

（2）在战略制订中，许多硬信息在保证可以有效使用的前提下，过于集中了；

（3）许多用来进行战略制订的硬信息到来的太迟，以致无法在制订战略时发挥作用；

（4）有许多的硬信息是不可靠的。

当然，软信息也可能被臆测、被歪曲。但是，如果让市场管理人员在今天的谣传（有人看见一个主要顾客同竞争对手在共进晚餐）和明天可能的现实（丧失业务）之间进行选择时，有谁会举棋不定、面对前一种情况而不采取相应的行动呢？而且，从一个牢骚满腹的客户那里听来的一段简单的经历，也要比那些市场调查数据更有价值，这只是因为：市场调查数据只能提出问题，而从顾客那里得到的信息才是这些问题的答案。

概括来讲，尽管硬信息也可以增长智力，但构成智能的却仍然是大量的软信息。

使用"参与性目标"：向最了解情况的人授权

有的管理者自己着手制订全部的目标及执行计划，让下属完全按照制订好的计划去执行；也有的管理者干脆把所有的规划工作都交与下属制订。这种差异反映了管理者制订目标和计划的两种方式，前一种被称为自上而下的制订目标，后一种被称为自下而上的制订目标。均属于传统的目标制订方式。

1954年，管理学奠基人之一的美国彼得·德鲁克教授提出了目标管理的思想体系。他指出管理者必须通过目标对下属进行管理，在目标实施的过程中要定期检查，并将检查的结果反馈给目标的执行者，最终根据目标的执行效果和效率即绩效来进行奖惩。作为重大创新之一的是德鲁克对上述的传统的目标设定方式进行了批判和否定。他指出无论是由上级指定目标还是由下级制订目标，都不甚理想，执行效果最佳的目标应该是由上级和下级一起来制订的，他们通过交流分享信息，表达各自对未来的期望，最终形成对目标的共识。这就是参与性目标的制订方法，其核心思想就是管理者应邀请下级——目标具体的执行者一起来制订目标。

德鲁克分析了参与性目标的以下好处：

（1）参与性目标为上下级提供了分享交流信息的机会，有利于更清楚地认识组织的能力和实际情况；

（2）参与性目标有利于执行者理解上级对执行结果的期望，并能保证执行者的理解和上级的本意是一致的；

（3）参与性目标体现了民主和对下级的尊重，能够起到激励的作用。

德鲁克之后，人们进一步完善了参与性目标的内涵，使之更为具体和明晰，例如：一份优秀计划书应当是由管理者制订出最核心的部分也就是发展方向，具体的执行阶段目标及计划都应当由执行者来主导制订。让执行者参与到执行目标的制订中，可以帮助他们更深刻地理解执行所面临的商业环境，增强分析、判断能力，并且通过开放式的对话，更能加深他们对执行目标及计划的共同认识，从而在执行的过程中能够同心同德，增强团队的力量，推动执行的有效进行。

IBM的前任CEO郭士纳每逢要制订重要战略的时候，总是寻找那些负责执行的人员去收集信息，然后分析判断，做出方向性规划，再由大家一起制订战略，例如，在他意识到IBM的服务将可能成为其主要竞争优势的时候，他去找IBM的“整合系统服务公司（ISSC）”的负责人丹尼了解情况。丹尼给了他很好的信息和建议，同时也告诉他实施向服务转型的难度：大服务战略既与IBM传统销售观点相左，也给财务管理体系造成麻烦。郭士纳经过慎重考虑，还是决定公司向服务转型。但鉴于IBM的具体情况，采取了保守的步骤。郭士纳与有关执行人员进行了充分的讨论，尽管后来遇到了许多麻烦，但都顺利解决了，并最终赢得了战略的胜利。

在谷歌公司里，如果一项决策在制订的过程中没有具体的执行人员的参与，那么这些决策是没有希望实施的。因为这样做是违背公司规定的。其创始人之一布林说：“我们没有把谷歌当成一个只有少数几个经营者才能说话、其他人只能循规蹈矩地听着的地方。”公司每一项计划都必须有执行人员在场，并且允许他们发表自己真实的想法和观念。只有一项计划完全得到执行人员的同意和赞同了，才能被确定，然后相关的负责人才能进一步制订计划，并委派专门的小组负责。每一个员工在执行过程中发现计划存在失误时都有权提出异议并做出适当的修改，正如谷歌中国公司的一位经理所说：“谷歌从不像其他的大公司那样官僚习气严重，它是独特的。在具体执行一项计划时，上司从不规定你必须用什么方法来做，每个小组都有完全的自由决定权。除了某些必须共同遵守的标准外，你可以自行决定具体的行动方案，只要它是符合事实，有利于预期目标实现的。”

目标的重要性：有了目标才能确定工作

彼得·德鲁克把制订目标比作是在沙漠里挖洞，他说："在正确的地方挖洞比正确地挖洞更重要。"他还有一个著名的诘问："组织成员是先有工作后有目标还是先有目标后有工作？"很多人都回答说："当然是先有工作，然后才有目标。"据说这些人当中还包括很多知名企业的大总裁，然而这个回答不符合德鲁克的标准答案。

德鲁克解释说："并不是有了工作才有目标，而是有了目标才能确定工作。"

目标为什么如此重要，一般来说，目标至少有以下几方面的作用：

（1）目标给管理者和执行人员指明方向，当所有有关人员明确了执行的目标以及各自需做出的贡献时，他们就能开始协调行为，结成团队。

（2）目标是对未来努力结果的预期，因此促使管理者和执行人员展望未来，预见变化，制订对策，减小不确定性。

（3）当追求的结果和手段明确时，组织中的低效率行为往往可以暴露出来，减少重复性和重叠性的活动。

（4）目标提供了检查的标准，当执行过程不符合该标准时，可以以此为基础进行管理控制。目标不明确的活动是很难控制的。

在此，我们对前面的内容做一个简单的总结：

时间、人力、资金是执行的基本要素，在制订目标、提出项目时，要充分考虑这些因素，否则，它们会让目标和项目胎死腹中或者将成为执行过程中的"不定时炸弹"，时时制约着整个执行的进程，成为有效执行的瓶颈。

市场的变幻莫测多少会影响经理人迅速做出决策。但是，这不应该成为理由，优秀经理人的决策才华和执行才华往往是在瞬息万变的市场变化中显现出来的。

无论信息系统多么先进，最终的效能还是取决于使用者对待信息的态度。我们的目的不是信息本身，而是通过信息认清现实，因此，对待信息的现实主义态度是关键。

一份优秀计划书应当是由管理者制订出最核心的部分也就是发展方向，具体的执行阶段目标及计划都应当由执行者来主导制订。

第2章

如何制订计划，下属最有执行力？

1984年，在东京国际马拉松邀请赛中，名不见经传的日本选手山田本一出人意料地夺得了世界冠军。当记者问他凭什么取得如此惊人的成绩时，他说了这么一句话：凭智慧战胜对手。

当时许多人都认为这个偶然跑到前面的矮个子选手是在故弄玄虚。马拉松赛是体力和耐力的运动，只要身体素质好又有耐性就有望夺冠，爆发力和速度都还在其次，说用智慧取胜确实有些勉强。

两年后，意大利国际马拉松邀请赛在意大利北部城市米兰举行，山田本一代表日本参加比赛。这一次，他又获得了世界冠军。记者又请他谈谈经验。

山田本一性情木讷，不善言谈，回答的仍是上次那句话：用智慧战胜对手。这回记者在报纸上没有再挖苦他，但对他所谓的智慧迷惑不解。

10年后，这个谜终于被揭开了。他在他的自传中是这么说的：每次比赛之前，我都要乘车把比赛的线路仔细地看一遍，并把沿途比较醒目的标志画下来，比如第一个标志是银行，第二个标志是一棵大树；第三个标志是一座红房子……这样一直画到赛程的终点。比赛开始后，我就以百米的速度奋力向第一个目标冲去，等到达第一个目标后，我又以同样的速度向第二个目标冲去。40多公里的赛程，就被我分解成这么几个小目标轻松地跑完了。起初，我并不懂得这样的道理，我把我的目标定在40多公里外终点线上的那面旗帜上，结果我跑到十几公里时就疲惫不堪了，我被前面那段遥远的路程给吓倒了。

“马拉松”法则：对于同一个目标，谁的行动方案最具策略性，谁就会执行得最佳。

计划的两个要素：目标和行动方案

一份高质量的执行计划应该包含两个组成部分：目标（执行什么，完成什么任务）和行动方案（怎样执行，怎样完成任务）。

高质量的计划过程，就是审慎的选择目标和制订行动方案的过程。

“抢画法则”是关于目标的，本章的“马拉松”法则将讨论行动方案。

马拉松比赛的终点确定以后，如何完成迈向终点的40多公里的赛程？冠军山田本一为此制订了一个颇具策略性的行动方案：

（1）根据沿途的醒目标志，将40多公里的总目标分解为若干个子目标。

（2）把实现每一个子目标当成一个成就来激励自己。

（3）面对子目标，全力以赴。

如果你把上述策略用在团队和管理中，相信你将也有机会成为执行冠军。

目标的分解以及分解中的沟通

系统论认为，系统整体的功能可以远大于各个部分功能的简单相加。

在目标分解中，总目标和各级子目标共同构成了一个目标系统。

我们要谈目标的分解，我们必须强调目标系统的整体性，以及总目标的重要性。只有把握这两点，才会在分解目标时，不迷失方向。

一般来讲，分解目标的程序如下：

第一步：制订整体目标。

第二步：讲解整体目标和目标的指导思想。

第三步：在各团队和部门间转化主要的目标。

第四步：各团队和部门的管理者和他们的上级一起设定本团队或部门的具体目标。

第五步：部门的所有成员参与设定自己的具体目标。

在协调分目标时可以运用文件、流程的办法来建立相邻部门的联系。鼓励相邻部门、环节之间自己进行协商，达成契约性的共识。

分解目标时，上级的出发点应以目标的必要性为主。要从整体功能、整体目标与节点的责任来考虑，要尽可能使下级理解承担某一分目标的必要性和意义。

而下级的出发点应以完成目标的可能性为主。在思考可能性时，不要简单地判断“可能”或“不可能”，而是要考虑完成目标所需要的条件。

有了这样的认识，上下级在协商目标时，就有了沟通的框架：下级要支持上级的决定，但要向上级提出需要的创造的条件是什么；上级要倾听下级的诉求，并设法为下级完成目标创造条件，而不是强压和摊派目标。

制订具有策略性的行动方案

为了制订具有策略性的行动方案，你可以参照以下的步骤。

第一步：思考未来，采取具有前瞻性的行动

《伊索寓言》中有这样一个故事：

夏天一只蚱蜢在草丛里斜依着草秆，快乐地享受着傍晚的惬意。在他不远的地方几只小蚂蚁汗流浃背地在运粮食。蚱蜢嘲笑他们说："瞧你们真傻，这么好的时光不知道享受。"蚂蚁回答说："你现在舒服，等到了冬天时，你就知道你为此付出多大的代价了。"不久，深秋来临了，天气越来越冷，蚂蚁在自己温暖的窝里享受夏天准备的食物，而蚱蜢却被冻死了。

蚂蚁和蚱蜢的行动源自他们对未来的认识不同。蚂蚁积极主动的防范风险，应对未来；而蚱蜢则是享受眼前。为了保证行动方案具有一定的前瞻性，管理者和团队成员必须持续地思考未来。

第二步：搜集和分析信息

在掌握一定量信息的基础上进行分析，是制订行动方案的重要方面。例如常见的因果分析。因果链条严格按照时间来排序，原因一定在结果之前，新的结果有可能是下一个结果的原因。所以使用因果分析法，实际就是分析如果我们希望未来得到什么结果，那么我们现在应该有什么样的行动，或者分析我们现在的行动在未来会有什么样的结果。

第三步：根据目标和分析的结果拟订和选择相应步骤和措施

在这一步中，需要考虑的是步骤和措施一定要切合实际，不要脱离组织资源和能力的范围。

老鼠们在一起开会研究怎样对付猫，大家控诉了猫的罪恶，然后开始讨论对付猫的办法。一只小老鼠建议给猫挂一个铃铛，猫走到哪里，铃铛就响到哪里，老鼠们就可以提前有所准备，不会被它抓住了。所有的老鼠都拍手叫好，觉得这个主意太妙了。但是最后关键的问题出来了，到底谁能够去完成这个挂铃铛的任务呢？

找到非常精彩的解决办法不难，难的是找到最合理可行的解决方法。制订行动方案一定要基于对自身资源和能力的基本判断。

第四步：制订保证措施

要考虑资源配置问题，只有配置好资源，行动才能得以开展。另外还应考虑行动的考核与激励问题，没有考核和激励的行动方案常常是一纸空文：有了激励和承诺，参与行动者的积极性才会被充分调动起来。

第五步：随时准备调整

要随时追踪和收集计划实行过程中内外部的各种信息，根据信息来判断计划执行情况来随时做出调整。

让你的行动方案更具策略和智慧

想象、设想、猜想、记录下每一件事或每一项工作是如何展开并引出下面的事情或工作的，直至最后所有的事件或工作从起点到终点一一穿起，它就是你所希望采取的一系列行动，是你的行动方案，它就像是一幅描述清晰的行军路线图，应当能够给你留下足够的空间来进行调整和运营。而且只有当你真正决定采取哪些具体行动，以及如何将其与公司的人员和运营现实结合起来的时候，你才能制订出具体的执行方案。

为了让你的行动方案更具策略和智慧，你可以参考一下以下的小建议。

1.确立集中的目标和实现目标的先后顺序

记住目标不宜太多，把精力集中在三四个目标上是最有效的资源利用方式。

管理者必须为自己的团队设定一些顺序清晰而又比较现实的目标，这将对团队的整体绩效产生非常重要的影响。为了明确目标顺序，需要彻底改变自己以往的视角。

明确清晰的目标之后，下一步是简化。能够简洁地阐述自己正在思考的问题和建议，让每个人都能很好的理解、评估和执行，将有助于最终达成组织内部的共识。

2.在决定先后顺序时尽量照顾到细节

有句老话是这样说的：问题存在于细枝末节中。的确，事实就是如此，我们也将在后面的章节重点介绍细节对执行的重要性。只有当我们穷尽细枝末节，只有当我们想象（即对过程进行整体构思）各种各样可能发生的事情时，我们才可以清楚所有潜伏在前进道路上的障碍。

3.运用知识并利用假设

你很可能会反驳说："分解目标的时候，我们不可能知道所有的事情，也不可能照顾到所有的细枝末节。"不可否认，这是事实。但我们依然还是有简单的方法。若掌握相关知识，就运用这些知识，如果没有的话，那么就在你的大脑里构思整个事情的经过；如果你遇到某件事并且不知道接下来会发生什么，那你可以做出假设。这些假设会帮助我们把所有的事件衔接起来，从而形成一定的先后顺序。

4.找出同一顺序的所有事件

同样的事情可能会在执行的几个地方相继发生，而你或许也被牵涉其中。如果是这样的话，一旦发现了某些事情中的先后顺序，便可以把这个顺序应用到其他事件中去。

第3章

如何订制度，下属最有执行力？

有7个人组成了一个小团体共同生活，其中每个人都是平凡而平等的，没有什么凶险祸害之心，但不免自私自利。他们想用非暴力的方式，通过制订程序来解决每天的吃饭问题——要分食一锅粥，但并没有称量用具或有刻度的容器。

大家实验了不同的方法，发挥了聪明才智、多次博弈形成了日益完善的制度。大体有以下几种：

方法一：拟定一个人负责分粥事宜。很快大家就发现，这个人为自己分得粥最多，于是又换了一个人，结果总是主持分粥的人碗里的粥最多最好。大家由此得到的结论是：权力导致腐败，绝对的权力导致绝对的腐败。

方法二：大家轮流主持分粥，每人一天。这样等于承认了个人有为自己多分粥的权力，同时给予了每个人为自己多分的机会。虽然看起来平等了，但是每个人在一周中只有一天吃得饱而且有剩余，其余6天都饥饿难忍。大家认为：这种方式导致了资源浪费。

方法三：大家选举一个信得过的人主持分粥。开始这位品德属上乘的人还能基本公平，但不久他就开始为自己和溜须拍马屁的人多分。大家总结教训：不能放任其堕落和风气败坏，还得寻找新思路。

方法四：选举一个分粥委员会和一个监督委员会，形成监督和制约。公平基本上做到了，可以由于监督委员会常提出多种议案，分粥委员会又据理力争，等开始分粥，粥早就凉了。

方法五：每个人轮流值日分粥，但是分粥的那个人要最后一个领粥。令人惊奇的是，在这个程序下，7只碗里的粥每次都是一样多，就像用科学仪器量过一样。每个主持分粥的人都认识到，如果7只碗里的粥不相同，他确定无疑将享有那份最少的。

分粥的问题终于解决了，方法五没有什么分粥委员会或者监督委员会，只是利用了人的本能，是最简单的制度，常常也是最有效的。

“分粥”法则：好制度使庸才变人才，坏制度使人才变庸才。另外，制度的简化也同样重要，越简单，越有操作性和执行力。

一个简单有效的愿景胜过千言万语

园里有三组人，每组10人，午餐时间到了，看天色又要快下雨的样子。第一组有人说：“起来，跟我走。”他的行动只引来数名追随者，他只好对其他还坐着的人大叫：“起来，立刻都站起来！”在第二组，有人说：“看来我们非要离开不可，请注意听好，我的行动计划是：大家都站起来，朝那棵苹果树前进。每个人请跟其他组员保持至少二英尺的距离，不许跑，也不准任何私人物品遗留在原地，到了树下就要停止行动。等我们都到齐后……”在第三组，有人出面说：“几分钟后就会下雨了。我们何不到那棵苹果树下，不但不会淋湿，还有新鲜苹果当午餐。”

可想而知，第三组的人不仅淋不到雨，而且有了一顿丰盛的天然午餐。他们区别于其他两组人的最关键因素在于：他们建立了自己的愿景。

愿景为何如此重要呢？

愿景概括了企业的未来目标、使命和核心价值，是企业哲学中最核心的内容，是企业最终希望实现的图景。它就像灯塔一样，始终为企业指明前进的方向，指导着企业的经营策略、产品技术、薪酬体系甚至商品的摆放等所有细节，是企业的灵魂。大企业的愿景通常都极其简单，为什么呢？因为愿景必须是清晰的，只有清晰的愿景才能引领追随者，怎样才能做到清晰，唯有使其变得简单。

在执行过程中，好的愿景可以产生三种作用。

（1）通过理清执行的大方向，或提出类似“我们必须在几年内到达南方，而非原地踏步”的说明，愿景能为成千上万个枝节政策提纲挈领。

（2）愿景会激发员工朝正确的方向采取适当行为，即使开始时比较辛苦也心甘情愿。

（3）它能迅速、有效地帮助员工协调彼此的行动，甚至数千人的队伍也行得通。

有了共同的愿景，得到每个参与执行的人认同，就可以极大地推动执行的进行。愿景也有两面性，糟糕的愿景可能只会激化矛盾或者打击团队的积极性。一个有效的愿景的特质可以用以下几个方面来概括：

（1）可以想像：有效愿景是一幅未来模样的图像；

（2）期望中的：它诉诸员工、客户、股东等与公司利害相关者的长期利益；

（3）可行的：包含切合实际，可能达成的目标；

（4）有重点：重点清楚，足以作为决策指导原则

（5）有弹性：足以作为大原则，允许个别自主行动以及应对环境变动做不同的回应；

（6）可沟通的：沟通容易，在5分钟内就能解释清楚。

有了共同的愿景，就有了共同的积极的心态，为执行注入精神层面的支持。有效执行，从建立共同的愿景开始。

下面是一些成功企业的愿景：

苹果公司：用科技改变世界。其创始人乔布斯把这一愿景表述得更为打动人心：活着就是为了改变世界。

阿里巴巴：让天下没有难做的生意。

格力空调：好空调，格力造。

对于中国的大部分成长中的企业来说，最需要的是愿景的引领。把企业存在的价值、存在的目标以及如何存在三大哲学命题进行详细的富于野心的思考，把到底要带领企业团队走向哪里的基本问题定个调子。只要勾勒出基本的原则，搭建一定的框架，余下的问题都应该在过程中解决。因此，我们要分清楚哪些问题应在过程开始前解决，以及哪些问题应在过程中解决。否则，就将在应该捕捉核心价值迅速决策的时候却犹豫不决，将问题复杂化；而在应该严格管理的时候却错误地认为问题并不复杂，可以简单处理。

宝洁公司：一页备忘录原则

宝洁公司的制度具有人员精简、结构简单的特点，并且该制度与其雷厉风行的行政风格相吻合。管理者制订了“深刻明了的人事规则”，它得到顺利的推行并获得良好的评价。而最能体现这种简洁明了的效率就集中体现在该公司“一页备忘录”原则上。

所谓“一页备忘录”是指尽量精简公司所有的报告文件，以尽可能简练的语言来描述公司的现状和未来的发展趋势。其内容会随着具体情况的变动而增加或减少。

这一风格可以追溯到该公司的前任总裁理查德·德普雷。理查德·德普雷强烈地厌恶人将简单问题复杂化的做法，所以，他十分反感那些超过一页的备忘录。他通常会在退回一个冗长的备忘录时加上一条命令："把它简化成我所需要的东西！如果该备忘录过于复杂，他会加上一句：我不理解复杂的问题，我只理解简单明了的东西！"他认为，管理者的工作任务之一就是教会别人如何把一个复杂的问题转化为一系列相对简单的问题。只有这样，才能既提高管理者自身的工作效率，又能更好地指导下属着手后面的工作。

随着MIS（管理信息系统）的扩散和预测模型及大量员工之间无休止的较量，导致了解决问题过程中的"政治化"，这些进一步增加了不稳定性因素。而一页备忘录解决了很多问题。首先，只有少量的问题有待讨论，那么复核和使其生效的能力将大大加强。其次，建议条目按序展开，简洁、易懂。

总之，一页备忘录使企业的管理远离了模糊和凌乱，并因简洁明了这种积极的作风为公司带来令人欣慰的高效率。

烦琐的制度是最大障碍

执行中有些制度过于烦琐，不合理或者不严谨，会给执行造成严重的阻碍。烦琐的制度是简化执行程序的最大障碍。

有研究显示，处理一个文件只需要7分钟，但耽搁在中间环节的时间却能多达4天。有时一件事需要各个部门进行审批，导致具体执行人员失去耐心而影响了执行的最终效果。不要妄想顾客会理解我们内部程序的烦琐，他们只关心从打电话投诉到具体执行完是多长时间。缩短非必要部门的中间审批环节，提高作业效率，进行科学的流程再造是制度得以有效贯彻执行的必要措施。

曾是IT产业创新精神代表的施乐公司，发明了许多包括鼠标、图形用户界面、激光打印机等最具革命性的技术。但这些现在已经成为了历史，走向衰败的施乐公司不是因为缺乏创新或是战略决策，而是因为其庞大的官僚体制使得公司内部业务流程繁杂，不能迅速地提供资源使其先进的技术快速转化为现实生产力，从而极大地阻碍了创意的产生和战略执行，最终导致了产品开发始终落后于对手，从而在创新上输给了竞争对手。

一个好的例子是美国某保险公司，以新单处理流程为起点实施流程再造，核心内容是对新单出单涉及的六个部门、环节分别设置相应的岗位，形成流水线式的工作控制。流程再造前，出单需要5~7天，之后，出单缩短到两天。从而彻底改变了效率与质量问题。

制度如果仓促出台，就会朝令夕改

造成执行力不佳的第二个原因是管理制度不严谨，没有经过认真的论证就仓促出台，经常性的朝令夕改，让员工无所适从。最后导致了真有好的制度、规定出台时也得不到有效的执行。狼喊多了，等真的狼来了也没人去做好人了，其实是一个道理。战国时秦国的商秧变法就是针对管理者因为经常改变政策而失信于民的一种方法。解决这种问题可以从正反两个方面入手：一是选其首恶，找一个能够引起他人警觉的人，杀鸡儆猴；二是树立正面的典型，通过范例告诉大家公司的意图，通常的做法是大力表彰先进等，以期改变执行者的意识。

中国著名的深圳华为公司老总任正非有个非常有名的理论：在引进新管理体系时，要先僵化，后优化，再固化。用他在一次公司干部会上所讲的话作为解释最合适不过了：5年之内不允许你们进行幼稚的创新，顾问们说什么，用什么方法，即使认为他不合理，也不允许你们动。5年以后，把人家的系统用好了，我可以授权你们进行局部的改动。至于进行结构性改动，那是10年之后的事。

正是因为这种对制度的尊重和始终如一的贯彻，才创造了华为的春天。

如果制度成为员工的负担，就会流于形式

经常遇到一些企业企图通过各种报表的填写来约束员工的行为，或通过各种考核制度企图达到改善企业执行力的目的，但往往是事与愿违。

企业每制订一个制度就是给执行者头上戴了一个紧箍，也进一步增加了执行者的逆反心理。在这种情况下，如果制度严重增加了员工的工作量或者流于形式，最后就会导致员工敷衍了事，会进一步使企业的规定流于形式，说不定连有些本来很好的规定也受到了牵连。所以企业在设计相关的制度和规定时一定要本着这样一个原则，就是所有的制度和规定都是为了帮助员工更好地工作的，是提供方便而不是为了约束，是为了规范其行为而不是一种负担。

制订制度时一定要实用，有针对性。针对性和可行性是制订制度时必须要考虑的两个原则。

简化的极点：“零管理层”

橄榄树嘲笑无花果树说：“你的叶子到冬天时就落光了，光秃秃的树枝真难看，哪像我终年翠绿，美丽无比。”不久，一场大雪降临了，橄榄树身上都是翠绿的叶子，雪堆积在上面，最后由于重量太大把树枝压断了，橄榄树的美丽也遭到了破坏。而无花果树由于叶子已经落尽了，全身简单，雪穿过树枝落在地上，结果无花果

树安然无恙。

一般说来，执行系统结构巨型化总是伴随着复杂化，而大多数大型的执行团队都通过设计复杂的系统和结构来应付这种复杂化。因而，他们会招聘更多的人员使自己能够掌握这种复杂化，而这就是错误的开始之处。

GE公司的航空发动机厂在辛辛那提市的北面，过去有3万名员工，而现在就职的只有8 000人左右。在宽大干净的厂房里，不但开铲车的司机不穿工作服，连装配线上的装配工人也不穿工作服，他们身着牛仔裤，文化衫，随随便便。这就是建立在“零管理层”上的工作现场氛围。

在这所8 000人的发动机总装厂里，只有一个厂长和全厂职工两个阶层，而没有任何中间管理层。在一般工厂常见的车间、工段、班组、工会、人事、财务、计划、技术、材料、供销等所有部门，在这里全部被取消。在生产过程中所必需的管理职务，如计划员、车间管理者、班组长、财务管理、供销管理等工作，都由员工们轮流担任。而一些临时性的工作，如招收新员工，就由各岗位抽调老员工临时组成人事部门，完成之后即解散（团队模式的灵活运用）。

这样做至少有两个好处：一是大大精简了工厂的机构，二是使在生产过程中所有员工都是平等的。“零管理层”是由20世纪80年代进行的“无边界行动”的变革所带来的。“无边界行动”是无边界原理的一次实践论证，就是在公司的领导部门内部，打破行业、部门各负其责的工作方式，以事件来贯穿各部门的工作。比如计划部门接到一张订单，那么有关这张订单的所有工作，如接待客户参观、培训，向工厂下产品任务，监督制造、运输、装配、调试、检修、维护，都由这个部门一竿子插到底。这既减少了部门之间的相互掣肘，也缩减了机构和人员。韦尔奇说：“一个公司就像一座大楼，它分为若干层，而每一层又隔了很多小房间；我们就是要把这些隔层尽量地打掉，让整个房子变成一个整体。”这与打破垂直边界、水平边界的无边界原理不谋而合。

对于以盈利为目的的企业来说，推行一种新的管理方式是与其增长效益有关的。GE公司原来从董事长到基层的员工，大约有24～26个阶层，通过“无边界行动”及“零管理层”的推行后，GE公司的阶层减少到5～6层。经组织结构变革后的GE公司，如同轻装上阵的战士，一跃成为1996年全美利润率最高的公司，这对一个以工业产品为主导的企业来说，不啻是一个奇迹。

零管理层是一个奇迹，也是一种象征。执行中不一定真的实行零管理层，因为这是需要很多条件的。零管理层其实是简化执行程序的代名词。根据执行的目标、计划以及团队的文化，合理地简化执行的程序，减少管理层面上的损耗，保证执行的有效进行。

复杂低效的根源：缺乏焦点

目前担任沟通管理顾问公司詹森集团总裁兼执行长的比尔·詹森，自1992年开始至今，持续进行一项名为“追求简单”的研究调查，长期观察企业员工的工作模式，探讨造成工作过量、效率低落的原因。最初的调查对象包括了来自460家企业的2 500名人士，持续至今已经扩大到1 000家企业，人数达到35万人，其中包括了美国银行（Bank of America）、花旗银行（Citibank）、默克（Merck）与迪士尼（Walt Disney）等知名的大型企业。

根据他多年的研究调查结果，现代人工作变得复杂而没有效率的最重要原因就是“缺乏焦点”。因为不清楚目标，总是浪费时间重复做同样的事情或是不必要的事情；遗漏了关键的讯息，却浪费太多时间在不重要的讯息上；抓不到重点，所以必须反复沟通同样的一件事情。

“少做一些，不是要你把事情推给别人或是逃避责任，而是当你焦点集中、很清楚自己该做哪些事情时，自然就能花更少的力气，得到更好的结果”，换句话说，目标清楚、掌握重点、做好沟通，是简单工作的不二法门。

以下我们整理出3种最实用的简单工作的方法，提供给你作为参考：

1.清楚工作的目标与要求，可避免重复作业与减少错误的机会

通常的情况是，你不知道自己应该做什么：这个目标对你的工作会有什么样的影响？这个目标对你的意义是什么？当你搞清楚了所有的问题后，再开始工作。

你必须理清的问题包括：

（1）我现在的工作必须做出哪些改变？

（2）目标清楚不是要对方跟你解释公司的目标或是策略，而是这个目标对你的意义是什么，公司的目标与你个人目标之间的关联是什么。如果老板重新设定公司未来一年的营运策略与目标，你可以问：“我的工作目标应该做出哪些调整？是否有必要改变现在的工作方式？”

（3）可否建议我，要从哪个地方开始？

你要知道的不是工作细节的问题，而是要确定大致的方向与优先级。例如，应该先确认好哪些事项，才能开始进行后续的作业；哪些事情应该排在最后，以避免其他流程的变动而必须一再的重做；各项流程之间应如何协调与整合，等等。

（4）我应该注意哪些事情，避免影响目标的达成？

可以寻求主管的建议，在过程中有可能犯下哪些错误或是疏失，应该要如何避免；根据过去的经验，曾经发生过哪些意料之外的情形，必须预做准备。这样可以大幅减少不必要的错误尝试，当然更能增加成功的机会。

（5）有哪些可用的工具与资源？

你应该先了解公司有哪些既有的资源可以应用，可以寻求哪些支持，这样才能更有效规划自己的时间以及工作进度。

2.排定优先级，可大幅减轻工作负担

“手边的工作都已经做不完了，又丢给我一堆的工作，实在是没道理。”但是有没有可能问题是出在你自己身上？你有没有适当的反应真实的情况？如果你不说出来，老板就会以为你有时间做这么多的事情。况且，他可能早就不记得之前已经交待你太多的工作。老板其实是需要被提醒的。

你当然不可能同时完成这么多的工作，为什么不主动的帮助老板订出工作的优先级。你不是不做，但是凡事有先有后。你可以事先衡量哪些工作可以为公司带来最大的效益，必须优先处理。然后列出手中有哪些工作正在进行，需要哪些支持才能在期限内完成。

当你做好以上的准备时，再开始与老板面对面讨论，你可以问：“未来几天或几星期内必须先达成哪三个目标？”或是直接告诉他：“我已经先排定未来几天应该要优先完成的工作项目，想听听你的建议？”总而言之，把短期内应该先完成、而且你有能力完成的工作项目确定下来。这样不仅可以减少自己的工作负担，更可以提醒老板，让他了解你的实际工作量。

最后提醒一点，讨论的过程中必须时时站在主管的立场思考，体谅他所面临的压力。你该做的是协助主管解决问题，而不是把问题推给主管。当然，更不应该自己承受压力。

3.当没有沟通的可能时，不要浪费时间想要改变

主管对于你的意见通常会有以下5种可能的回答：

完全同意："我完全同意你的看法，也会全力的支持你。"

同意："我并不是完全同意，但是我相信你的判断。"

不置可否："我不同意你的看法，原因是……不过很谢谢你的意见。"

不同意："就照我的方法做。"

完全不同意："我绝不允许有这样的想法，更不允许其他人有这样的想法。"

如果你发现，在沟通的过程中，主管的回答多半是前三种情况，就表示这个主管是可以沟通的，愿意接受别人的想法。如果多半属于最后两种的情况，就代表他是不容易沟通的人。总是听不进别人的意见、冲动做出决策、不愿意反省、只为了个人的利益或权力……不论你提出什么样的想法或意见，每一次都是吃了闭门羹。

如果真的遇到这样的主管，完全没有沟通的可能时，这时候你就不必再浪费时间或精神做无谓的沟通或是尝试改变。这时你必须做出选择，你是否能够接受这样的工作环境，凡事只依照主管的意见做事；或是你比较喜欢有自己发挥的空间。这是选择的问题，无关乎好与坏。你可以有以下的做法：

（1）微笑点头。你已经决定不会将所有的精力投入在这家公司，只当这是一份工作，做好份内的事情就可以。这份工作不是你生活中非常重要的一部分，你宁愿花更多的时间在家庭或是自己的兴趣上。

（2）寻求其他发声管道。你仍然相信这家公司，也认为这是不错的工作环境，只是遇到了不好的主管。所以你还希望再做一些努力：公司内是否有其他的管道可以让你的想法或是建议被公司其他的人或是更高阶的主管听到，例如全体员工大会等。

（3）准备转换跑道。你已经知道问题是无法解决的，也许是这家公司不愿意解决，或是缺乏健全的制度与管道，这时你应该当机立断，转换新的环境。

让简化成为一种习惯

有个故事说某报纸曾举办一项高额奖金的有奖征答活动，题目是在一个充气不足的热气球上，载着三位关系世界兴亡命运的科学家。

第一位是环保专家，他的研究可拯救无数人们，免于因环境污染而面临死亡的厄运。

第二位是核子专家，他有能力防止全球性的核子战争，使地球免于遭受灭亡的绝境。

第三位是粮食专家，他能在不毛之地，运用专业知识成功地种植食物，使几千万人脱离饥荒而亡的命运。

此刻热气球即将坠毁，必须丢出一个人以减轻载重，使其余的两人得以存活，请问该丢下哪一位科学家?

问题刊出之后，因为奖金数额庞大，信件如雪片飞来。在这些信中，每个人皆竭尽所能，甚至天马行空地阐述他们认为必须丢下哪位科学家的宏观见解。

最后结果揭晓，巨额奖金的得主是一个小男孩。

他的答案是：将最胖的那位科学家丢出去。

事物本源其实很简单，但人们往往把他们复杂化。

为了推动你的执行有效进行，可以参考更多的简单化小建议，他们来自于对许多成功者经验的总结，你可以反复实践他们，直至成为一种优秀的习惯。

1.简化工作场所

大多数企业有着太多太多复杂的制度、程序和做事情的方式。鉴别出其中最浪费时间的，与同事们协力铲除它们，或简化它们，以提高效率。

2.让会议更简单

管理者会见手下的业务领导时，首先要明确不要搞具体到每一分钟的复杂的议事日程。相反，应鼓励他们简单地陈述一下他们最近几个月里所得到的最好的构想。

3.抛弃复杂化的备忘录和信函

真正的管理者不会喜欢复杂的备忘录，而喜欢那些手写的简单的便条，这会使管理者觉得，交流应当充满创意而又简单明了，不要复杂化及使用那些难懂的行业术语。

4.专注工作本身，而不是绩效评估的名目

绩效评估本身立意良好，我们每一个人都应该随时知道自己的工作绩效如何。只是多数企业的情况是，绩效评估被过度操作，有各种不同的名目，还有复杂的计算。主管根本没有足够的时间做深入的评估，最后只是沦为数字游戏。公司真正的目标是扩大控制、减少成本，绩效评估的制度让公司有合法的借口可以开除不适任的员工。员工为了保住工作，只想着该怎么让自己的成绩好看一些。

事实上，你根本不必把精神花费在这些数字游戏上，不要因为公司今天要评估外语能力，所以你开始自费上课恶补；某一天公司决定加入提案企划能力的考核项目，你又开始烦恼该怎么办。这样只会让你疲于奔命，结果却适得其反。

要有好的绩效，你的出发点是工作本身，而非绩效评估。你只要想到以下的问题：该怎么把这件事情做好？你必须加强自己哪方面的能力？当你顺利完成目标、有了具体的成果，自然会有好的评估结果。

5.懂得拒绝别人，不让额外的要求扰乱自己的工作进度

对于许多人来说，拒绝别人的要求似乎是一件难上加难的事情，你总是担心：

会不会因此丢了工作？

我和同事之间的友谊是否就此结束？

老板有可能接受吗？

拒绝的技巧是非常重要的职场沟通能力。只有你最清楚自己的工作情况，你必须对自己负责，管理自己的时间与工作，不应让别人的额外要求，让自己陷入忙乱的局面。

在决定你该不该答应对方的要求时，应该先问问自己："我想要做什么？或是不想要做什么？什么对我才是最好的？"你必须考虑，如果答应了对方的要求是否会影响既有的工作进度，而且因为你的拖延而影响到其他人？而如果你答应了，是否真的可以达到对方要求的目标？

一旦有了决定之后，该怎么拒绝呢？

如果是比较熟识的同事、朋友，或是完全不相识的人，最好是直截了当地说："抱歉，帮不上忙"，或是"现在真的很忙，抽不出时间"。不要多费唇舌，也不需要解释一堆的理由，只要简单的一两句话就可以。而且必须在当下直接回绝，不要拖延一两天才说出你的决定。不要考虑太多，宝贵的时间应该花费在以下提到的另一种情况。

如果是面对客户或是比较不熟识的其他部门同事，就应该采取比较间接委婉的方法。你要考虑的问题是：要如何响应才能维持更好的关系，建立未来合作的基础？

首先，你要说明为何无法答应的原因，并表示你的歉意。然后，最重要的是帮助对方找到另一个更好的解决方法，有没有可能找到其他人帮忙。让对方觉得你不是在推卸责任，而是真的想帮助他解决问题。

这时候的回答不再是“是”与“否”的问题，而是沟通与对话的过程。你不是拒绝对方，而是与对方沟通解决的方法。沟通的过程也同样让对方了解你实际的工作情况，而不会无缘无故地一再找上你，请求你的帮忙。

第 4 章

如何沟通，下属最有执行力？

世界上没有一种动物能够真正单独地生活。它们要依靠各种方式和同伴相互沟通，才能存活下去。蜜蜂即以“跳舞”为信号，告诉同伴各种蜂蜜信息，沟通完毕后一起去采蜜。

奥地利生物学家弗里茨经过细心的研究，发现了蜜蜂“舞蹈”的秘密。蜜蜂的舞蹈主要有“圆舞”和“镰舞”两种形式。工蜂回来后，常做一种有规律的飞舞。如果工蜂跳圆舞，就是告诉同伴蜜源与蜂房相距不远，在100米左右。工蜂如果跳镰舞，则是通知同伴蜜源离蜂房较远。路程越远，工蜂跳的圈数越多，频率也越快。如果跳八字型舞，并摇摆其腹部，舞蹈的中轴线跟巢顶的夹角，正好表示蜜源方向和太阳方向的夹角。蜜蜂跳舞时头朝上或朝下，与告知蜜源位置之方向有关：跳舞时头向上时，表明找寻蜜源位置必须朝着太阳的方向飞行……

“蜂舞”法则：信息是主动性的源泉，加强沟通才能无障碍执行。

管理就是沟通

管理者要像蜜蜂采蜜一样，吸取各种沟通方式的特点，将“蜂舞”揉到自己的管理艺术中。

对于管理者而言，有效地与下属进行沟通，是工作有效执行的关键：任用、激励、授权等多项重要工作的顺利展开，无不有赖于组织内沟通的顺畅与否；良好的沟通还是管理者与员工之间感情联络的有效途径，沟通的好与坏，直接影响着员工的使命感和积极性，同样也直接影响着企业的经济效益；在企业出现危机、事关生死存亡的关键时刻，加强沟通，及时让员工知道真相，仰仗全体职员的智慧、支持和努力，危机就可以得到有效处理，沟通是处理危机的利剑。缺乏沟通的企业，致使各种工作关系僵滞，严重影响日常的工作，甚至导致企业的溃散。

为实现有效的沟通，真正提升执行能力，你需要知道怎样进行沟通才能确保执行的有效进行：

（1）沟通的前提：完善公司的沟通系统，确保信息流和感情流的畅通；

（2）沟通的关键：与你的员工共享合作的信息，他们会更好的工作——创建一种新型伙伴关系；

（3）沟通的秘诀：首先是理解别人，然后是让别人理解你。

沟通的前提：完善沟通系统

在通过交流了解员工的所思所想的基础上解决他们的需求，才能促进员工建立对企业的认同感和忠诚度，使员工感受到自己是公司的一员，而不只是依令行事的员工，这样才能发挥员工的积极性和自主意识。对管理者而言，则要深入基层，通过沟通了解基层员工的愿望、不满和目标，并采取有效措施，从而有助于提高员工士气。沟通的实现，需要有一个强有力的保障体系——完善的沟通系统。

迪士尼公司是一家拥有12 000多名员工的大公司。它早在20世纪20年代就认识到员工意见沟通的重要性，并且不断地加以实践。

现在，公司的员工意见沟通系统已经相当成熟和完善。特别是在20世纪80年代，面临全球的经济不景气，这一系统对提高公司劳动生产率发挥了巨大的作用。

迪士尼公司的员工沟通系统主要分为三个部分：每月举行的员工协调会议，以及每年举办的管理人员汇报和员工大会。

1.员工协调会议

迪士尼公司的协调会议是每月举行一次的公开讨论会。在会议中，管理人员和员工共聚一堂，商讨一些彼此关心的问题。无论在公司的总部、各部门、各基层组织都举行协调会议。这看起来有些像法院结构，从地方到中央，逐层反映上去，公司的协调会议是用标准的双向意见沟通系统。在开会之前，员工可事先将建议或怨言反映给参加会议的员工代表。代表们将在协调会议上把意见转达给管理部门。管理部门也可以利用这个机会，同时将公司政策和计划讲解给代表们听，相互之间进行广泛的讨论。

要将迪士尼12 000多名员工的意见充分沟通，就必须将协调会议分成若干层次。实际上，公司内共有90多个这类组织。如果有问题在基层协调会议上不能解决，将逐级反映上去，直到有满意的答复为止。事关公司的总政策，那一定要在首席代表会议上才能决定。总部高级管理人员认为意见可行，就立即采取行动，认为意见不可行，也得把不可行的理由向大家解释。员工协调会议的开会时间没有硬性规定，一般都是一周前在布告牌上通知。为保证员工意见能迅速逐级反映上去，基层员工协调会议应先开。

同时，迪士尼公司也鼓励员工参与另一种形式的意见沟通。公司安装了许多意见箱，员工可以随时将自己的问题或意见投到意见箱里。

为配合这一计划实行，公司还特别制订了一些奖励规定，凡是员工意见经采纳后，产生了显著效果的，公司将给予优厚的奖励。

令人欣慰的是，公司从这些意见箱中获得了许多宝贵的建议。如果员工对这种间接的意见沟通方式不满意，还可以用更直接的方式来面对面和管理人员交换意见。

2.管理人员的汇报

对员工来说，迪士尼公司管理人员的汇报和每年的股东财务报告、股东大会相类似。公司员工每人可以接到一份详细的公司年终报告。

这份报告有20多页，包括公司发展情况、财务报表分析、员工福利改善、公司面临的挑战以及对协调会议所提出的主要问题的解答等。公司各部门接到汇报后，就开始召开员工大会。

3.员工大会

员工大会都是利用上班时间召开的，每次人数不超过250人，时间大概3小时，大多在规模比较大的部门里召开，由总公司委派代表主持会议，各部门负责人参加。会议先由主席报告公司的财务状况和员工的薪金、福利、分红等与员工有切身关系的问题，然后便开始问答式的讨论。

这里有关个人问题是禁止提出的。员工大会不同于员工协调会议，提出来的问题一定要具有一般性、客观性，只要不是个人问题，总公司代表尽可能予以迅速解答。员工大会比较欢迎预先提出问题的这种方式，因为这样可以事先充分准备，不过大会也接受临时性的提议。迪士尼公司每年在总部要先后举行10余次的员工大会，在各部门要举行100多次员工大会。在20世纪80年代全球经济衰退中，迪士尼公司的生产率每年平均以10%以上的速度递增。公司员工的缺勤率低于3%，流动率低于12%，在同行业中最低。

相反，如果公司的沟通系统和体制不成熟和完善，存在各种沟通的阴暗角落，必要的信息、情感等的流通受阻，必然影响沟通的顺利进行。所以，完善的沟通系统是有效沟通的前提。认识到这一点，执行才能有效地进行。

沟通的关键：新型伙伴关系

今天的主管应该知道授权和优良业绩来自于信息共享——类似于充分披露信息——基础上的伙伴关系。

人们越来越认识到，领导者需要构建一种与过去不同的上、下级关系。而且更多的领导人认识到，成功来自对其所控制的结果负有责任的人。这就是从家长制向合伙制的转变。家长制根植于孩子对成年人的依赖关系。在这种制度下，组织与员工的关系是："你如果忠诚、听话，我们就给你加薪、不解雇你。我们自会照料你。"近年来，随着许多公司大量裁员，这种关系已经破裂。忠诚已经与报酬和工作稳定性没有任何关系。

那么新的关系应该是什么样子呢？

发动机与发动机零部件生产商SRC公司的总裁和首席执行官杰克·斯塔克说："人们对公司了解得越多，公司的运转就越好。这是一条颠扑不灭的法则。在企业中，与员工分享信息要比把他蒙在鼓里更能使企业成功。"

那么充分揭示信息的新型伙伴关系是什么样子呢？

1.沟通新关系

充分的信息揭示从沟通新关系开始。一个与其员工构筑了伙伴关系的组织笃信互利关系上的交易。西部沿海的一个组织坦陈它的交易：如果雇员发展组织所需的技能，以有助组织成功的方式运用这些技能，并以与组织所需价值观相一致的方式工作，那么组织将提供一个具有挑战性的工作环境，支持雇员发展，并把奖励和贡献挂钩。同时，员工将成为一个重新充满活力的行业主导企业的一部分。这一新关系必须由企业战略驱动，并且还必须明确地将它与雇员进行沟通，使雇员信赖它。

2.解释企业环境

信息的充分披露意味着就企业环境进行沟通——仔细解释企业的性质和运转方式，包括形成市场的力量、决定企业兴衰的因素、竞争信息、客户数据、供应商的情况等。这种沟通必须是对经营环境所作的诚实、准确的描述。其中的一个构成部分是构建企业文化。应该告诉员工企业的性质和它的运转方式。试图消除企业中的无知，迫使人们参与进来，不是用威胁和恐吓而是通过教育。

3.共享愿景

信息的充分披露意味着清楚地告诉员工组织的未来前景。这一愿景不应是简单的表述、卡片或墙上的图表。它代表着整个组织必须面对的未来环境。

4.构建价值观

充分揭示意味着在组织所说、所做的每一件事上明确组织的价值观。价值观形成文化；文化左右行为。在人们考虑“如何行动”的种种选择方案时，文化起着开关作用。例如，在一个客户至上的组织中，当雇员面对着是先回答客户的电话还是先回老板电话的问题时，他们总是先回客户电话。价值观必须与企业战略相一致。

5.共享成果

信息的充分披露意味着同甘共苦、共进退、各种股票所有权和利润分享方案将被采用。

6.明确角色

充分揭示意味着明确角色。任何一天里，要求人们扮演多种角色，从早晨的项目领导人到下午的职能专家的呆板的岗位规定早已落伍。但人们仍需要理解他们的角色和所适应的岗位。信息的充分披露推翻了这一切。

杰克·斯塔克说：“当你通过财务报表与员工沟通时，他们迅速了解了一切，没有内在的对抗。如果所有人都在关注着整个企业，各个部门就很难转嫁责任。”

7.共享绩效成果

成果必须广泛宣传。信息的充分披露意味着整个团队了解团队和其成员的绩效。形成了伙伴关系的组织努力工作以保证充分利用所有资源，帮助每个团队成员取得优良绩效。

为构建公开性和信任基础上的新型伙伴关系，提高你的执行能力，可以试着采取以下七个步骤：

第一步：从领导角度理解新型关系。

第二步：发展一种将组织公开性的沟通哲学。

第三步：以与新的沟通哲学一致的方式，制订强调信息向上、向下和水平传播的沟通战略。

第四步：让员工了解企业。帮助他们理解新的规定，了解成败得失背后的因素是什么。

第五步：告诉员工如何利用信息，如何通过运用信息达到目的。

第六步：协调基础设施从而使它能发出一致的信息并帮助试图改善企业的人。

第七步：通过分红计划或通过奖金制度将奖惩与结果相挂钩。

向伙伴关系转变意味着消除许多经理对放弃与信息联系在一起的权利的恐惧，做不到这一点意味着陈旧的家长式关系将依然存在，而这种关系会将组织置于严重的竞争劣势之中。

沟通的秘诀：理解别人，并让别人理解

正如所有的事情一样，沟通也是需要技巧和方式的。但无论你

采取什么手段进行沟通，都要达到理解别人并让别人理解的效果。要做到这一点，你可以尝试以下的方法。

1.沟通应适时适地地进行

任何时间、任何地点，管理者都可以和下属进行沟通。如果管理者要做得更好的话，应建立一个固定沟通的时间，并给每一位下属一对一沟通的机会，尤其作为一位高级管理人，这样做特别有效。记住，有效的沟通并不限于在办公室内进行，任何与人会见的地方，只要时机适宜，就可以进行沟通。

2.沟通要有充分的时间

当决定要和下属进行面对面沟通之前，最好先确定自己有足够的时间，不会受到其他事情的干扰，以免良好的沟通气氛、情绪因突发状况发生而受到影响，让对方误认为缺乏诚意。

3.沟通之前尽量做好准备

当然，不必针对每天都在进行的例行性或即兴式的谈话特别做准备，不过，当遇到了下列特殊情况时，就必须做好万全的准备：

（1）解释公司的重大政策有了重大的转向；

（2）准备推动一项史无前例的改革方案；

（3）对于沟通对象的前途或权益有重大影响；

（4）宣示大家共同建立一种崭新而强有力的企业文化。

领导者在沟通之前，最好先考虑下面的各种问题：

（1）我想做的是什么，目的是什么？

（2）谁会接受到这些信息，会引发哪种态度；

（3）他们对这件事情应该知道多少；

（4）沟通的时机是否合适；

（5）沟通的内容是什么？我想表达的重点是否清楚，使用的语气与辞句是否恰当；

（6）细节资料是否足够或会不会太多，信息有没有任何暧昧不清之处；

（7）要求对方采取的行动是否清楚，是否需要对方回馈；

（8）所提出的事实资料有没有经过求证；

（9）采取什么方式沟通最好，写纸条、打电话还是当面晤谈。

4.展现管理者有想建立信赖关系的言谈举止

管理者可以借着互相称呼对方的名字来塑造开放、友善和轻松的气氛；管理者可以把办公室的大门永远敞开着，让下属知道管理者真正随时愿意接受下属和他沟通；管理者也可以用肢体语言表达愿意放下身份的诚意。总之，只要管理者愿意，可以想尽一切办法，让下属对上司有美好的感觉，管理者就赢在沟通的起跑线上了。

5.做一位好听众

沟通之道，贵在于先学会少说话。多听少说，做一位好听众，处处表现出聆听、愿意接纳对方的意见和想法的模样。这时候，管理者会慢慢发现下属也比较愿意接纳自己，并且提供管理者所需要的答案和信息。

沟通与组织凝聚力

良好的沟通是管理者与员工之间感情联络的有效途径，沟通的好与坏，直接影响着员工的使命感和积极性，同样也直接影响着企业的经济效益。只有保持沟通的顺畅，企业的管理者才能及时听取员工的意见，并及时解决上下层之间的矛盾，增强企业的凝聚力，增强企业的执行能力。缺乏沟通的企业，致使各种工作关系僵滞，严重影响日常的工作，甚至导致企业的溃散。

下面是麦当劳公司通过沟通增强企业凝聚力的例子。

在麦当劳公司的创始人克罗克退休以后，由于麦当劳的事业迅速壮大，属下员工数也越来越多，企业高层忙于决策管理，一定程度上忽略了上下的沟通，致使美国麦当劳公司内管理层与员工关系越来越紧张，以致爆发了员工游行示威，抗议工资太低。示威活动对麦当劳公司的高级经理们构成了巨大的冲击，令他们重新认识到加强上下沟通，提高员工使命感和积极性的重要性。

针对员工中不断增长的不满情绪，麦当劳公司经过研讨形成了整套缓解压力的“沟通”和“鼓舞士气”的制度。麦当劳认为与服务员的沟通是极其重要的，它可以缓和管理者与被管理者之间的冲突，提高工作人员的积极性。而如果忽视了与员工的沟通，不管有什么理由，都会阻碍企业命脉的畅通，使企业不知不觉陷入麻痹而失去机能。

于是麦当劳任命汉堡大学的寇格博士解决沟通的理论问题，而擅长公共关系的凯尼尔为公司解决实际操作问题。他们很快就有了成果。凯尼尔请约翰·库克及其助手金·古恩设计的“员工意见发表会”变成了麦当劳的“临时座谈会”制度。这种形式在解决同员工的沟通问题上起着特别重要的作用。

临时座谈会的目的是为了增强与员工的感情联络。会议不拘形式，以自由讨论为主要形式，虽以业务项目为主要讨论内容，但也鼓励员工畅所欲言甚至倾吐心中不快。这时工作人员可以利用这个机会指责他们的任何上司，把心中的不满、意见和希望表达出来。所有服务员都抱着很高的积极性参加座谈会。实践证明，这种沟通方法比一对一的交流更有效。

为了加强服务员个人之间的交流，除了面谈以外，麦当劳还推行一种“传字条”的方法。麦当劳餐馆备有各式各样的联络簿、例如服务员联络簿、接待员联络簿、训练员联络簿等，让员工随时在上面记载重要的事情，以便相互提醒注意。

麦当劳公司的做法成功地缓和了公司高层人员与员工之间的冲突和对立。让人们可以从中悟出一个道理：使用警察不是解决冲突的办法，这不但会损害公司的形象，而且会使矛盾愈加激化，甚至动摇公司事业大厦的根基。相反，采取柔和的沟通方式，不但消除了抵制情绪，缓解了矛盾，而且了解到员工的真实需求，采取了相应的措施，恢复正常的工作，甚至提高了工作效率。在有效执行的道路上，迈出重要的一步。

沟通与危机应对

在一个崇尚公开的企业，当信息通过各种渠道自由流通，使所有的工作人员都能够对部门运作情况、财务状况等了如指掌时，就会得到所有员工的真诚回报，使他们敢于对公司的不合理事务说出自己真实的看法。

在公司出现麻烦的关键时刻，如果加强相关人员的沟通，及时让员工知道真相，危机就可得到有效处理。

而事实上，很多企业发生危机时，公司管理层为了逃避责任，而对事实遮遮掩掩，不愿意让员工知道事实真相。其实，管理层越是这样，情况就会变得越坏。如果员工在第一时间了解了企业重大事件的真相，危机时刻他们就会挺身而出，并积极出谋划策，帮助企业度过难关。危机管理中，只有及时与员工进行沟通，让员工知道真相，才有助于解决问题。

雷诺公司专门生产核动力潜艇相关设备。该公司的信誉有口皆碑。但是在一次订货合同中，因为各种原因，工程进度大大慢于预想的速度要求，如果照这样情况下去，公司将不能如期履行合同，从而将导致8亿美元的直接经济损失。

公司领导亲自莅临施工现场，督促全公司上万名员工加快施工进程，经过一年的努力，公司终于追回了丧失的时间，并按期交送了买方的第一批订货，到手的3亿美元缓解了公司紧张的财政窘况。公司上下都为之松了一口气。当完成第二批订货的时候，公司技术部对仓库中即将装运的设备进行了最后一次预检，结果让人大出意料。技术人员发现有一件设备的主机动力线被剪断了如果就此安装到核潜艇的核反应堆侧，超标准的排水水温会使核反应堆的燃料达到临界状态，在1秒钟就会因连锁反应带来大爆炸，其后果是不堪设想的。技术部立即封存了这批订货，并向公司总裁进行了详细的汇报。

总裁决定召集全公司职员，把问题的全部公之于众，以谋求最完善的解决办法，解决这一问题的时间只有两天。上万名员工来到装配车间，总裁向他们说明了公司面临的危机，"伙计们，如果我们不能顺利度过这场劫难，不只你们，还包括我，全都会流落街头，到贫民窟去寻找我们的立足点。这个棘手的问题关系到公司上下万名员工的共同利益，我没有权力独自做出决定，所以把你们召集起来，就是要寻求一个两全其美的办法来，保住公司的荣誉，保住你我的饭碗。好了，大家努力吧，上帝赐福我们"。

总经理成立了几个机动小组，分别努力解决问题的关键环节。他们花去5个小时，明确了事故责任的归属问题，这涉及具体任务执行人员和他们的直接授权人，又花去3个小时，找出了每个环节带来麻烦的责任负责人……

10个月以后，雷诺公司摆脱了一直笼罩在公司上空的阴影，公司的运营完全恢复了正常。为了按期按质保证合同的完成，全体员工自发地将加班钟点增加了四个小时，有效地保证了工程进度。

据事后统计，在危机处理过程中，关于各环节问题由员工提出的成功行动计划超过了15 000个，这是集体智慧的结晶，团体协作的积极效果，有这样的表现，危机的处理不过是个迟早的问题。

面对生死存亡，雷诺公司能够上下一心，众志成城，放弃彼此间的私人恩怨，每人都能以大局为重，而公司管理者更是成功地施展了他的领导艺术，他们密切关注事态的发展，及时将事实告诉员工，最终得到了完善的解决方法。

一切为了沟通：沃尔玛的特色管理

沃尔玛创始人山姆认为，如果把沃尔玛特色管理制度浓缩为一点，那就是沟通。

对一家大公司来说，沟通的重要性确实怎样讲都不过分，不过，沃尔玛在还只有几家店时就已经懂得分享信息的重要性了。公司在电脑及卫星通信上花费上亿美元、每周六的工作会议、山姆及各位主管每周乘飞机视察各店，所有这一切，都是为了沟通。在沃尔玛，每家分店经理和部门主管都知道与他们的店有关的所有数字，如果需要，也能知道其他店的有关数字，从而始终对自己的经营状况及其他店相比的情况有清楚的了解。

由于分店数量太多，每个店的各部门主管无法与本顿威尔总部的供应商代表充分沟通，于是公司按照部门举办研讨会，如运动用品部，每一区域挑选一位该部门主管，集中到本顿威尔与总部采购人员沟通，再与供应商代表交换对产品优缺点的看法及下季度的计划。这些部门主管回到本地区后，再与附近商店同一部门的主管们分享获得的信息。

沃尔玛规定上至山姆、各级主管，下到采购人员，都必须每周花3至4天巡视商店，公司有12架飞机供这种旅行之需。山姆认为，无论有多么高级的电脑网络和数据，它们都只能告诉你已经卖了多少，却不能告诉你将卖多少。管理人员必须亲临基层，了解和处理店中的事务。当他们周四飞回总部时，至少要带回一些有价值的情报和构想；周五坐下来交流讨论，拿出解决问题的对策；周六晨会后就可望得到执行。

通常，周一地区经理和高级主管们外出，周四回到本顿威尔，飞机又载上采购人员去各商店。每个季度，每位采购人员还必须到不同的商店，在自己所负责采购的商品部门担任几天部门经理，以对自己采购的商品有一种亲身的体验。

"在诱人讲话方面，山姆简直就是一位大师"，一位曾经和山姆打过交道的店员说："他会把每个人都聚拢来，抓起一袋花生米，走到店后面去，让所有的人坐到地板上，他单膝跪下同他们讲话。他会非常诚恳地与你谈心。他会使他们把自己的想法谈出来。他会看着一个人，对他说话，而其余的一切仿佛都消失了。他会竭尽所能地让你把话说出来。"

就这样，山姆持续不断地巡视商店，与人握手，看着别人的眼睛，设法记住众人的名字，甚至当商店太多，他不可能一一前去时，也是如此。而且，他还撰写一些友好的个人书信，登在公司的实时通讯《沃尔玛世界》上。后来，他开始通过卫星系统出现在荧屏上对着员工们谈话，亲切得好像他正坐在他们的起居室里与他们聊天一样。

沃尔玛公司管理的一大特点就是上面我们看到的公开交流、自由沟通。 "人是成功的决定因素，所有的员工都起着重要作用，平凡的人可以创造出不平凡的成就。"公司领导人深知，人们需要有一个途径用来了解情况，体会那种被信任的感觉，搞清楚他们所起的作用。于是，他就把公司的经营情况公开地传达给大家。公开传达的内容越丰富，得到直接、真实反馈意见也会更容易、更可靠。

给良好的管理再注入公开交流的内容就如同给一辆赛车加上喷

气发动机燃料，恰似锦上添花。山姆最初创办的小商店现在已经发展成为一个年销售额超过1 000亿美元的全球最大的零售连锁企业。

沃尔玛公司另一位领袖瑟德奎斯特是个诚实、豁达、平易近人的人。他不仅对自己的私事不保留，对公司的经营状况、各种数字以及信息，也都全部开放。他认为任何人都有权力和义务了解公司的经营情况。在公司所有的办公室里，甚至在店堂的储货间都有这样的告示牌，牌子上写着：今天的股市价格是27.25元，明天的价格要靠你们去创造新高。

瑟德奎斯特认为，实行信息公开可以增加公司内部的信任气氛。如果下属们了解了各种情况，他们的建议也获得采纳，那么，他们必定为公司做出更大贡献，为公司的繁荣承担更多的责任，并千方百计地满足顾客的要求，而且，他们还会就公司如何进行更有效的管理问题出谋划策。瑟德奎斯特深信，提倡管理者和下属进行公开讨论的做法能够使问题得到更好的解决。他是一位信任别人，同时也被别人信赖的管理者。

瑟德奎斯特曾明白无误地向所有人宣布，沃尔玛公司坚信公开交流的作用。在与员工的日常交往中，他不断强调这一信念，并不遗余力地努力把这种管理方式制度化。

公开交流可以直接获得反馈意见，既包括积极的，也包括消极的意见。在公司，瑟德奎斯特是以公开发表意见和接受别人的意见而著称的。他爱提问题，别人的工作做得好时，他及时表扬，并且，说过的话始终如一。

除了在工作中开展公开交流外，沃尔玛的员工们还需要有一种对工作负责的精神。他们必须清楚怎样回答下面这5个问题：

（1）你对我的期望是什么？

（2）我应该怎么做？

（3）要想比别人好，我必须做些什么？

(4)在什么地方能得到公正？

(5)我正从事的工作重要吗？

找到这些问题的答案，是员工们义不容辞的责任。在沃尔玛公司，员工公开发表自己的意见是受到鼓励的。公司不仅提倡员工就改善工作条件的问题发表意见，还鼓励他们就怎样把商店搞得更好发表看法。

如果公司把其财务状况公之于众，那么，员工们就不仅会为公司保守财务秘密，他们还肯定会努力工作，以使公司的财务状况得到进一步改善。如果公司提倡公开发表意见，从而使得最基层的人员也有机会参与决策，那么，员工们肯定会认真负责地履行这种决策的职能。在一个崇尚公开交流的单位，所有人都清楚别人对他们的期望是什么。公开交流还有另外一个好处，即在交流与履行职责之间有了直接的联系，使沃尔玛公司近百万员工都能履行各自的职责。

完善的沟通让你的执行有效进行

不只是蜜蜂，自然界的群居生物都要靠相互之间密切的沟通才能更好地生存。

蚂蚁的集体生活，靠特殊的“化学语言”保持联系。蚂蚁的“化学语言”称为激素，它是由蚂蚁某一器官或组织分泌到体外的一类化学物质。蚂蚁在觅食时，把激素散布在来回的路上，同伴根据激素的气味，就知道到哪里去觅食。一同前去的蚂蚁都散发出气味，使来往的路上成了“气味长廊”，成群蚂蚁就是沿着这条长廊而忙碌地搬运着食物。蚂蚁还能利用气味辨别谁是同族，谁是异族。如果误入异族巢穴被发觉，它的命运就悲惨了。

猩猩靠声音互相联络，它看到树上结有果子时，便大声呼啸，告知同伴前来分享；当它遇到敌害时，也会发出号叫，请同伴前来救援助战。

昆虫的鸣叫是为了吸引异性同类，或对其他动物进行警告。蝉的腹部有气室，气室的一边是鼓膜，气室中空气的流动使鼓膜发生振动而吱吱不停地叫。蝗虫用后肢摩擦翅膀发音，蟋蟀又用双翅相互擦击发出叫声。

动物接受信息靠眼睛，而比较容易被眼睛接收的是色彩和动作。雄孔雀开屏的色彩鲜艳，往往是作为信息引起雌性的注意，同时也是对其他雄性的一种警告。

为了帮助管理者更好的理解沟通，以下几点不妨仔细体会。

1.沟通比权力更重要

业绩优异的公司的高级经理都有一个共识，即在以文化促变革的过程中，激励员工的积极性和协调员工的行为方式至关重要，这不依赖于权力，而是依赖于有效的沟通。

有效的沟通有赖于管理者通过谈话和文字的形式传达公司的核心价值观，通过诸如企业标志物、企业的徽章等加强员工对企业的认识和心灵的依附，从而使之认可企业的奋斗目标，并愿意为之付出不懈的努力。在海尔，言传，即通过言谈及文字阐释公司的核心价值观是管理者们与员工沟通、提倡企业文化的一种很重要的方式。

2.集体公开讨论，加强各部门间的交流

集体公开讨论是交换意见和观念的方法，它能使讨论在公开的场合进行，并且能够发挥集体创造力，加强集体的凝聚力，找出一种在一个公司任何一个职能部门都可以通行的办法，有利于克服部门之间的障碍和问题。这种有意义的相互交流方式，能把员工紧紧团结在一起，使不同部门之间的员工为公司总的目标共同奋斗。

3.倾听是无障碍沟通的关键

美国百货巨擘潘尼说：“倾听的艺术算得上是无障碍沟通的关键所在，而无障碍沟通又是成功的企业管理之砥石。身为一个管理者，主要的职责不外乎是穿梭于形形色色的人群中，来达成某些既定的工作；换言之，就是必须学会倾听各种不同的声音才能不辱使命。”

交流沟通是由积极地听取别人的意见开始的，同时也要努力去理解对方的想法。一般情况下，员工的自尊会因管理者的倾听得到满足，感觉遇到了伯乐，他会因管理者的善于倾听而奋斗。作为与员工沟通的重要手段，倾听往往会发挥出令管理者意想不到的效果。

第5章

如何设计竞争机制，下属最有执行力？

1860年美国总统大选结束后，林肯当选为总统。他任命参议员萨蒙·蔡斯为财政部长。

有许多人反对这一任命。因为蔡斯虽然能干，但十分狂妄自大，他本想入主白宫，却输给了林肯，他认为自己比林肯要强得多，对林肯也非常不满，并且一如既往地追求总统职位。

林肯对关心他的朋友讲了这样一个故事：

“在农村长大的朋友一定知道什么是马蝇了。有一次，我和我的兄弟在肯塔基老家的一个农场犁玉米地，我赶马，他扶犁。这匹马很懒，但有一段时间它却在地里跑得飞快，连我这双长腿都差点跟不上。到了地头，我才发现有一只很大的马蝇叮在他身上，我随手就把马蝇打落了。我兄弟问我为什么要打落它，我说我不忍心看着这匹马那样被咬。我兄弟说：哎呀，正是这家伙才使马跑得快嘛。”

然后，林肯说：“如果现在有一只叫‘总统欲’的马蝇正叮着蔡斯先生，那么只要它能使蔡斯不停地跑，我就不想去打落他。同时现在有一只叫‘蔡斯’的马蝇在叮着我们的阵营，我们也会努力地跑。”

“马蝇”法则：应该把竞争作为组织管理的一个基本原则，竞争是组织内部的动力和活力之源。

“鲶鱼效应”与本田公司的活力

如果将一个公司的员工进行分类，大致可以分为三种：

（1）不可或缺的干才；

（2）以公司为家的勤劳人才；

（3）终日东游西逛，拖企业后腿的蠢材。

本田公司的创始人本田宗一郎认为，本田公司最缺乏前两种人才。

本田知道若将终日东游西逛的人员完全淘汰，一方面会受到工会方面的压力；另一方面，企业也将蒙受损失。这些人其实也能完成工作，只是与公司的要求相距远一些，如果全部淘汰，显然是行不通的。

经过再三考虑，本田找来了自己的得力助手、副总裁宫泽，并谈了自己的想法，请宫泽出主意。宫泽告诉一郎，企业的活力取决于全体员工的活力，特别是企业各级管理人员的活力，根本上取决于企业全体员工的进取心和敬业精神。公司必须想办法使各级管理人员充满活力，即让他们有敬业精神和进取心。本田询问有何良策，宫泽给本田讲了一个挪威人捕沙丁鱼的故事，引起了本田极大的兴趣。

挪威渔民出海捕捞沙丁鱼，如果抵港时鱼仍活着，卖价要比死鱼高出许多倍。因此，渔民们千方百计地想办法让鱼活着返港，但种种努力都失败了。

其中有一艘渔船却总能带着活鱼回到港湾内，船长因此收入丰厚，但原因一直不明，直到这艘船的船长死后，人们才揭开这个迷。

原来这艘船捕了沙丁鱼，在返港之前，每次都要在鱼槽里放一条鲶鱼。放鲶鱼有什么用呢？原来鲶鱼进入鱼槽后由于环境陌生，自然会四处游动，到处挑起摩擦，而大量沙丁鱼发现多了一个“异己分子”，自然也会紧张起来，并加速游动，这样一来，就一条条活蹦乱跳地回到了渔港。

本田听完了宫泽的故事，豁然开朗，连声称赞这是个好办法。

宫泽最后补充说："其实人也一样，一个公司如果人员长期固定不变，就会缺乏新鲜感和活力，容易养成惰性，缺乏竞争力，只有外有压力，存在竞争气氛，员工才会有紧迫感，才能激发进取心，企业才有活力。"

本田深表赞同，他决定去找一些外来的"鲶鱼"加入公司的员工队伍，以制造一种紧张的气氛，发挥出"鲶鱼效应"。

本田马上着手进行人事方面的改革。特别是销售部经理的观念离公司的精神相距太远，而且他的守旧思想已经严重影响了他的下属，因此，必须找一条"鲶鱼"来，尽早打破销售部只会维持现状的沉闷气氛，否则公司的发展将受到严重影响。经过周密的计划和努力，终于把松下公司销售部经理，年仅35岁的武太朗挖了过来。

武太朗接任本田公司销售部经理后，首先制订了本田公司的营销法则，对原有市场进行分类研究，制订了开拓新市场的详细计划和明确的奖惩办法，并把销售部的组织结构进行了调整，使其符合现代市场的要求。上任一段时间后，武太朗凭着自己丰富的市场营销经验和过人的学识，以及惊人的毅力和工作热情，受到了销售部全体员工的好评，员工的工作热情被极大地调动起来，活力大为增强。公司的销售出现了转机，月销售额直线上升，公司在欧美及亚洲市场的知名度不断提高。

本田对武太朗上任以来的工作非常满意，这不仅在于他的工作表现，而且销售部作为企业的龙头部门带动了其他部门管理者的工作热情和活力。本田深为自己有效地利用"鲶鱼效应"的作用而得意。

从此，本田公司每年都要重点从外部"中途聘用"一些精干利索、思维敏捷的30岁左右的生力军，有时甚至聘请常务董事一级的"大鲶鱼"，这样一来，公司上下的"沙丁鱼"都有了触电的感觉，积极行动。

竞争意识不是勾心斗角而是取胜的欲望

斯瓦伯手下有一位厂长，厂长的工人总是不能达到生产指标。

“怎么回事？”斯瓦伯问道，“像你这样能干的人，为什么不能使工厂完成规定的生产指标？”

“我不知道。”这人回答说，“我曾哄诱他们，也曾强迫他们，或是起誓责骂，甚至以倒闭来恫吓他们，但怎么做也不生效，他们就是不愿干活。”

这一天，正巧是太阳西落的时候，夜班工人来到厂里。

“给我一支粉笔，”斯瓦伯说，然后他转向最近的一个人，“你们这班今天做了几个单位？”

“6个。”

斯瓦伯在地板上写了一个大大的“6”字以后，一言未发地走开了，当夜班工人进来时，他们看见这个“6”字，就问是什么意思。

“公司老总今天来这里了，”日班的工人说，“他问我们做了几个单位，我们告诉他6个他就在地板上写上了这个‘6’字。”

次日早晨，斯瓦伯又从这厂中走过，夜班已将“6”字除去，换上了一个大大的“7”字。

下一天早晨，工人来上工的时候，他们看见一个大大的“7”字写在地板上，

“夜班以为他们比日班的好是不是！”

好了，他们要给夜班点颜色看看。他们加紧工作，下班前，他们写下了一个活灵活现的大大的“10”字。

情形逐渐好起来了。不久这个一度生产落后的厂比公司其他的工厂产出还多。其中的道理是什么呢？

“要做成事情的办法，”斯瓦伯说，“是激起竞争，我的意思不是勾心斗角的竞争，而是相互取胜的欲望。”

取胜的欲望人人都有，激发他们产生一种向上的进取精神确实是一种有效的激励方法。

在企业内部形成竞争的氛围，每位员工自然会不断进取，因为不进步就意味着被淘汰。当这种竞争成为人们的习惯时，企业的车轮就在不期然中向前滚动了。

有效地利用内外部的竞争因素

为了有效地利用内外部的竞争因素，激发组织的活力，你可以参考以下几点小建议：

1.发现强者，尊重弱者

竞争必然引起员工之间的矛盾和利益冲突，在这其中，强势群体往往获得了原先属于弱者的利益。作为执行的领导者，要明白引入竞争是为了更好的执行而不是打击消灭某些阶层，不仅要发现并关注强者，更要尊重在竞争中的弱者。

2.引导、塑造个人的竞争优势

每个员工都有自己的优劣势，可能在某些时候的劣势在另一个环境即会成为员工的优势。没有永远的优秀者，也没有永远的弱者。所以要引导员工发现自身的价值和优势，给他们自信和机会，必然极大地推动执行的进行。

3.竞争的落脚点在合作

当辩证地看待竞争和合作的关系的时候，你会发现，良性的竞争其实导致的是一种合作的结局，同时，在合作中又存在着无形的竞争。作为执行的引导者，你需要清楚引入竞争的最终目的是达到人力的最大发挥，是一种合作的结局。千万不可以为竞争而竞争，导致内部的分化，影响执行的进行。

4.建立公平的竞争机制

良性竞争的保证就在于公平合理的竞争机制。如果机制存在问题，将极大地削弱竞争的魅力，甚至导致极大的负面效应，士气低落，各自为营。“不患寡而患不均”的道理，同样适用于执行中的竞争。

内部竞争可能带来的负面效应

管理者的一项重要职责就是要遏制员工之间的恶性竞争，积极引导员工的良性竞争，从而形成公平、公正、有序的竞争。

良性竞争对组织是有益的，它能促进员工之间形成你追我赶的气氛。大家都在积极地思考如何提高自己的能力，如何掌握新技能，如何取得更大的成绩。这样一来，公司的效益就会大大提高，职员之间的工作关系也会更好。

恶性竞争使公司内人心惶惶，员工之间戒心重重，大家都提高警惕防止被别人算计。在这样的公司里，大家相互拆台，工作不能顺利完成，谁也不敢出头。人人都活得很累，公司的业绩也平平。

作为管理者，必须能够激发出大家的热情和干劲。让大家心往一处想，力往一处使。只有这样，才能将工作做好。

因此，管理者一定要关心员工的心理变化，在公司内部采取措施，防止恶性竞争，积极引导良性竞争。

为了防止恶性竞争、引导良性竞争，管理者特别需要知道内部竞争可能出现的负面效应，让竞争措施远离或者避免它们，才可以真正激发竞争的力量。

1.内部竞争可能撵走创造力和革新精神

彼此互相竞争的个体必须“玩着同一种或相似的游戏”，这样才能比较和挑选出获胜者。既然竞争需要在某种相似性的基础上展开，这就为要试验和尝试新方法的个体竞争者制造了更多的困难。其结果是显著地降低创造力和革新精神的水平。

2.内部竞争可能抑制对话

把赢和输的概念添加到对话中，你就会得到一场辩论。在内部竞争环境中，每个人都对共享和思考新的或互相冲突的信息减少了兴趣，而变得更加关心得分，或不管对错地坚持他们自己的意志和观点。

3.内部竞争负面地影响了人际关系

虽然许多人期望得到融洽真诚的人际关系，但一旦知道是在相互竞争时——不论是为提升、为讨好老板还是为得到一笔奖金——建立相互信任、坦诚相待的人际关系，都将是很困难的。特别是当胜利者人数有限，而且一方的胜利要以另一方的失败为前提时，更是如此。

4.内部竞争可能降低产品和服务的质量

当不同的个人和不同的部门都在互相竞争时，为了把产品和服务尽可能快速地和有利可图地推出去，最大的诱惑是可以走捷径，特别是在这样做了以后，问题和麻烦不会在短期内出现，而在有关个人已另有他就之后的较长时间内才会被发现时，更是如此。

5.内部竞争破坏了关注的焦点

争胜和改进是完全不同的目标，当关注点放在击败别人时，我们就没有必要集中力量勇于改进现行的制度。事实上，有确凿的证据表明，当人们在竞争中把关注点放在争胜时，他们常常采取最快速的、最靠得住的、最可以预言的通向取胜之路，但这却很少是通向持续改进工作方法的最有效途径。

6.内部竞争可能降低效率

个体间更少革新、更少创造、更少信任，而是更多竞争和争斗时，这会在各方面给公司增加成本。例如，当人们彼此竞争时，他们倾向于独立地工作，常常重复着他们的努力，解决已经被解决的问题。

7.内部竞争使非获胜者失去激励

有一种理论说，如果人们竞争，并且获胜者得到报酬，他们会感到受赏识，并且那些没有取胜者会在未来努力也争取取胜。不过，在大多数情况下，事情却没有如所说的那样发生。有着太多太多源于馊主意的、而且是不完备的报酬制度，已经导致所挑选出来的“获胜者”其业绩一点也好不到哪里去，而且有些时候比一些“失败者”的业绩实际上还要差。可以预言，这将使那些“输了”的人失去激励。

8.内部竞争可能削弱自尊

在竞争中当一部分人输了（或至少被贴上非获胜者标签），他们开始对他们在这个制度中取得成功的能力提出质疑。说到底，他们努力工作，竭尽全力，却遭受到失败。因为制度的设计就是要确保大多数人不会获胜，故输掉比取胜更普遍。经常遭受失败的长期效果可以是非同寻常的。缺少信心的人实在不会与有信心的人同样有效率地去学习或做实验。

第6章

如何带团队，下属最有执行力？

“蚁球”是指洪水到来时，密密匝匝紧紧抱在一起的一窝蚂蚁，大的蚁球可有篮球大，小的也有足球大。当洪水到来时，蚁球随波漂流，期间不断有小团蚂蚁被浪头打开。但如果能够靠岸，蚂蚁便得救了，此时蚁球便一层层散开，像打开的登陆艇，蚁群迅速而秩序井然地一排排冲上江堤，胜利登陆。当然，岸边水中也会留下不小的一团蚁球，那是最低层英勇的牺牲者，它们再也爬不上来了。但它们的尸体仍会紧紧地团抱在一起。

同样令人震惊的场面也在南美洲的草原上上演：

酷热的天气，山坡上的草丛突然起火，无数蚂蚁被熊熊大火逼得节节后退，火的包围越来越小，渐渐的蚂蚁似乎无路可走了。然而，就在这时出人意料的事发生了，蚂蚁们迅速聚拢起来，紧紧地抱成一团，很快就滚成一个黑乎乎的大蚁球，蚁球滚动着冲向大火，尽管蚁球很快就被烧成了火球，在噼噼啪啪的响声中，一些居于火球外围的蚂蚁被烧死了，但更多的蚂蚁却得以绝处逢生了。

执行中一条重要而有效的法则即由此产生。

“蚁球”法则：个人的力量无论多么弱小，只要能够依靠某种凝聚力组建成为一个团队，就可以发挥出神奇的力量，这就是抱成团的力量。

抱成团走向胜利：苹果的创业历程

这里充满着青春的活力，这些年轻人正是一种中坚力量，是他们研制了苹果计算机，并将公司发展成为与IBM具有同等竞争力的电脑公司。

1976年斯蒂夫·沃兹尼亚克和斯蒂夫·乔布斯设计出个人用的计算机，并于一年之后以苹果Ⅱ型的商标投放市场。仅仅3年多之后的1980年，苹果电脑公司已迅速发展成为拥有1.18亿美元的企业。尽管第二年IBM也推出了自己制造的个人计算机，但当年28岁的董事长斯蒂夫·乔布斯并没有打算让路。

他和他的同事亲密无间，像一群海盗一样的大胆。乔布斯在充当教练、一个班子的领导和冠军栽培人等方面是一个完美的典型。他是一个既狂热又明察秋毫的天才，他的工作就是专门出各种新点子，他是传统观念的活跃剂，他不会把什么事情丢在一边、容不得无能与迁就的存在。

这些年轻人也纷纷对董事长乔布斯表述了自己的看法，他们希望在从事的工作中做出伟大的成绩。他们说："我们不是什么技术工，而是兢兢业业的技术专家。"他们要对技术有最新的理解，知道如何运用这些技术并用来造福于人。所以最简便的办法就是网罗十分出色的人物组成一个核心，让他们自觉地监督自己。

苹果电脑公司招聘的办法是面谈。一个新来的人要和公司至少谈一次，也许要谈两三次，之后再来谈第二轮。当对录用做出最后决定时，就把苹果电脑公司的个人电脑产品——麦肯塔式拿给他看，让他坐在机器跟前，如果他没有显出不耐烦，我们就说这可是一部挺棒的计算机来刺激一下，目的是让他的眼睛一下子亮起来，真正激动起来，这样就知道他和苹果电脑公司是志同道合了。

公司人人都愿意工作，并不是因为有工作非干不可，而是因为他们满怀信心，目标一致。员工们一致认为苹果电脑公司将成为一个大企业。

苹果电脑公司在1984年1月24日推出麦肯塔式计算机，在头100天里卖掉了75 000部，而且还在持续上升，这种个人用的计算机粗略计算占到公司全年15亿美元销售额的一半。

麦肯塔式的例子表明，当一个发明班子组成以后，能够多么有效地完成任务，办法是分工负责，各尽其职，在人们意识到要为之做出贡献时，一个项目能否成功就是一次考验。在麦肯塔式外壳中不为顾客所见的部分是全组的签名，苹果电脑公司的这一特殊做法的目的就是为了给每一个最新发明的创造者本人而不是给公司树碑立传。

这个案例讲了非常重要的两个问题：团队精神和领导。

团队精神，是指执行团队内部的思想和行为高度一致，充满团结的氛围，团队成员遵循企业共同的执行理念，为了共同的事业而相互合作，从而使执行产生一种合力。但是团队精神不仅是要求基层的执行人员，而且更要求执行的领导层，从领导班子做起，从上到下地共同建设一个团结的团队，从而形成执行的团队精神。这也正说明了团队的建设需要有一定的领导力。

苹果电脑公司的董事长斯蒂夫·乔布斯，是一位优秀的领导者。优秀的领导者的最主要特性就是，具有洞察市场的慧眼和难以抗拒的感召力，在他周围团结着与他志同道合的崇拜者。为什么领导者具有感召力，关键是他和他的企业的价值观，具有无穷的魅力。

所以团队精神不是孤立的，要建立精英团队，首先是要确定团队的精神或是执行的信仰，确定执行的核心理念；然后通过它来吸引志同道合的合作者（注意这里把团队成员作为事业的合作者来看待）；最后，这种价值观，或是体现在执行的制度上，或是体现在执行的领导者身上，许多企业就是采取后一种方式。所以团队精神实质是执行文化的问题。

梦想家、生意人和杂种狗

美国现代金融业的先驱和奠基人之一摩根（J.P.Morgan），在缔造了鼎鼎有名的摩根财团之外，还以诸多石破天惊的言辞闻名于世。他是真正的资本家，但是他却说："推动世界进步的不是什么狗屁资本，而是性。"他在对待美国以往的历史时说："历史差不多等于胡说八道。历史等于传统，而我们不要传统，我们要活在当下。唯一值得我们诅咒的，就是我们正在创造着历史。"如果说摩根对性的推崇多少含有对自己放荡的私生活的辩解、对历史的蔑视多少含有对自己成就的洋洋自得的话，那么他对企业团队的见解却展现了他的真正的智慧。他说："每个成功的企业都需要三种人——一个梦想家，一个生意人，还有一个杂种狗。"

今天的团队管理者更倾向于由五种类型的人组成一个理想中的梦幻团队。他们是：资深经理人、团队或是部门经理人、执行中处于前线运营的核心人物、年轻员工，以及人力资源的专业人员。每个类型的人士都具备其独特的观点以及活力的来源。

1.资深经理人

这个资深经理人会扮演着赞助者的角色，带领团队执行行动的进行。虽然他不见得会积极参与团队举办的每个会议，但是他会监督这些工作的进度。

2.相关领域的专业人员

他们是能够检讨团队发展以及结构的专家，这个专家的角色可以从企业里头遴选，也可以从外面的顾问公司聘请顾问来担任。

3.各部门经理人

这些经理人代表的是可能会受到影响的部门。除了代表所属部门发言之外，他们也能够提供稍后阶段所需的使命感以及资源。

4.有兴趣的年轻人才

这是让年轻员工有机会参与的大好机会，他们能够为计划的执行带来新鲜的点子以及充沛的活力。通过参与工作小组的体验，这些年轻人也有机会获得个人成长的机会。这些工作小组的建立是以各个主题为核心，并且以市场分析的工作作为基础，通过与其他公司的比较来扩大市场分析的视野，并且为目标以及行动做好准备。

要是没有这些关键人物，成功的几率就会大幅降低。这种打破壁垒的执行团队对于以人为本的策略运作而言是非常重要的架构。执行团队的成员当中，有些已经参与过勾勒未来愿景以及市场分析这些初步的阶段。除了这些基本的小组成员之外，还加入了专业人士以及行动领域相关人员。

执行的成功，来自于执行团队中众人的智慧。

如何化解团队中的冲突

在团队的内部，成员之间会因为各种原因发生矛盾甚至是争执，这是不可避免的。当团队内出现矛盾甚至闹得不可开交时，团队的领导人员都负有解决矛盾、迅速“熄火”的责任。而最有效的方法是遵循人类心理规律，通过心理疏导，唤起理智感，让矛盾双方自己解决矛盾，并实行自我教育，“化干戈为玉帛”，维护团队内部的“人和”环境，理顺成员的情绪，化解各种冲突在执行中是十分重要的。

心理学认为，冲突是人类不可避免的心理体验，是两种目标的互不相容和互相排斥。冲突是一种心理经历，有一个酝酿培植—刺激突发—情绪宣泄—理性控制—复归平衡的过程。为了解决冲突，你应遵循人类心理规律，通过心理疏导，唤起理智感，让团队成员自己解决矛盾，实行自我教育：摆脱消极情绪对心理趋向的左右，在心理相融的气氛中和平地解决冲突。

索尼公司创造的“五房间熄火法”就是一种饶有趣味的化解冲突之法。当员工间发生矛盾时，闹矛盾的员工需要先后进入五个房间。

1.房间一：“哈哈镜室”

满脸怒容的员工进入后，先照哈哈镜，看到哈哈镜中扭曲变形而又怪模怪样的自我，他会忍不住笑起来，一笑解千愁，在笑声中他们自然消了些气，脸色开始有所缓和。

2.房间二：“傲慢像室”

里面有一个橡皮造的塑像斜看着你，表示蔑视和看不起你。这时工作人员让闹意见的员工拿橡皮榔头去打那个傲慢像。尽情宣泄还未消尽的气，以达到心理的平衡。

3.房间三：“弹力球室”

墙上绑着一个球体，连着强力橡皮筋。先让闹意见者使劲拉开球后放开，球打在墙上马上反弹回来，击中闹意见者的身体，旁边工作人员会问：“你痛不痛？”“为什么会痛？”然后告诉闹矛盾者，这叫“牛顿定律”，有作用力就有反作用力，你去惹人家，人家就会报复你。让员工冷静想一想这其中的道理。

4.房间四：“劳资、劳工”关系展览室

让闹意见者认真观看过去资方怎样关心员工以及员工之间怎样互相友爱的实例，以加强对闹意见员工心理的触动，引导他们反思自己的言行。经过上述四个房间后，经理在第五个房间等候。

5.房间五：“思想恳谈室”

管理人员征求闹意见者双方的意见，看矛盾如何解决。经历了四个房间的员工，这时大多已冷静下来，双方一般情况下自然会主动解决矛盾，心平气和地接受批评和做自我批评。妥善解决了员工之间的矛盾后，管理人员对两人还要勉励一番，并给予物质奖励。

这种“人和房间”的措施，无非是为了维护团队的和睦，不仅发挥出每个成员的力量，而且凝聚这些力量。在执行过程中，如果发生内讧，必将极大地削弱执行的力量，很难保证执行的效果。“攘外必先安内”是很有实际意义的。维护执行团队的“人和”环境，化解各种冲突和矛盾，让每个成员的力量得到有效的发挥，凝聚所有人员的力量，保证执行的有效进行。

构建优秀团队的原则和技巧

一个执行团队的成功与否、执行的有效与否很大程度上取决你构建团队的指导思想和行事技巧，看看这些在你的执行团队构建中是否充分领略并实施了：

1.更多参与

让人人参与并不是从相邻的隔间或办公室里哪个人开始的，它就是从你开始的。告诉你的上司，你愿意帮助他达到他的目标，问问你能做些什么。

保证让每个人都觉得可以自由表达意见：为了吸纳每个人的智慧，必须让团队里的所有成员都感觉到，可以很舒服地大声讲出自己的见解。

建议召开一个非正式的集思广益的会议：有些人害怕正式会议。建议大家一起吃一顿自带饭菜的聚会，告诉他们来的时候至少准备一个改进企业工作方式的构想。

2.容人，容可容之人

为了能够更容易地捕获食物，野驴和狮子缔结了互助条约，野驴跑得快，负责寻找食物，狮子有力量，负责捕捉食物，二者结合在一起共同发挥作用。果然，它们很快就捕到了一份肥美的食物，由狮子来实施分配方案。它将食物分成三份，说："我拿第一份，因为我是百兽之王；第二份也应该归我，因为这是我们合作我所应得的，至于第三份嘛，我们可以公平竞争，不过你要是不赶紧滚开，把它让给我，你恐怕就要大祸临头，成为我的第四份美味了。"结果狮子把野驴赶跑了，以后他再也没找上肥美的食物了。

狮子和野驴的团队应该说是具有强大的力量的，如果狮子不是那么贪得无厌，能够容忍野驴从战利品中分一杯羹的话，那么它们的合作还可以继续。否则，团队必然土崩瓦解。

3.因事设人

执行团队是一个整体，是一盘棋，上上下下都是棋子，如何让这些棋子都能起到自己的作用，这是执行的领导人员、指挥人员指挥方略中的重点。要想把每个棋子激活，就要让每个人都肩负着使命，这就必然做到因事设人。因事设人的具体做法如下。

（1）各就其位。事业为本，人才为重，人事两宜是用人的重要原则。人事两宜有两个含义，一是按照需要量才使用，二是要了解人，而且要彻底地了解，量才适用，适才所用。

（2）尽其所长。高明的管理人，总是根据人才的潜能、特长和品德合理地使用它们，分配给人才使用的权力必须足够使其发挥作用。

（3）因人而异。用人需要根据人才的条件进行安排，人才发挥作用，建功立业也同样需要有客观条件，条件不具备时，人才就是再有才能也是英雄无用武之地。

4.提供成长的机会

如果你交付一项任务，先确定接手的下属会相互信任且彼此尊重。信任会产生有效率的集体行动，朝向一致的目标。要追踪团队成员彼此的关系，反馈扮演决定性人员的角色。

“在高盛，团队就是一切”，全球5大会计师事务所之一的高盛公司前CEO费弗这样说，“所以每个人必须了解朝夕工作的同事的观点”。为了促进了解，高盛采取一套同事评鉴系统，让每位资深主管知道同事如何看待自己。

团队合作的想法不是对每个执行团队都很容易。飞利浦董事长提默认为这应该怪罪于领导者。

“我们需要学习在团队中工作，越来越多新一代的年轻人很容易习惯一起工作，他们较少顾虑权力与职位，想要实际投入，反而是老板把他们往回拉。”根据提默的说法：“我们需要学习给他们更多的空间。”

柏西迪也同意提默的判断。他曾说：“多数年长的主管因为称职地完成任务而爬上现在的职位。美国公司的层级严明，有才华的独行侠可在组织中拾级而上。”尽管许多执行的领导人员感叹高处不胜寒，但他们的确喜欢这样的结构，柏西迪说因为这套体系使他们能够凭借头脑和辛勤工作来出人头地。但他强调这样的组织是过时的。事实上，他断然拒绝这类独行侠行径，因为它有害执行的有效进行，而且不再值得奖励，“无论它达成多么令人深刻的任务”。

5.珍惜多样化的观点

团队成员的多样化背景与专长是无比珍贵的。当领导者提出一个问题，要设法确定有一个多元化的团队来评估新计划并讨论提案。麦肯锡咨询公司的管理顾问师约翰·诺德史卓姆建议：“倾听，倾听，再倾听。”领导者要了解其他执行人员根据不同经验与认知所产生的观点，同时“尽可能地了解并信任他们。”

还有，要鼓励公开讨论，“我痛苦地发觉，如果某人有问题未解决，或许有适当的理由，”约翰·诺德史卓姆说，“我想要了解他或她的想法来自何处。一旦我明白了，我或许会不同意并说："我们不打算这么做。"但至少原来未说出口的问题摊到了桌面上。"

约翰·诺德史卓姆指出："这些人知道他们在做些什么，即使他们看起来好像在做疯狂的事情。我让他们放手处理，事后发现，他们通常是对的。"

6.选择对的人

提默相信团队成员必须被鼓励积极行事、勇于冒险并承担责任。他同时认为领导者必须支持每个执行人员，即使他们犯了错误，毕竟每个人都会犯错。

当你交付一项任务，你要确定执行的人员了解你想要他们做出最佳的处理方式，就算是与现存政策相反，或比平常冒更大风险。如果执行中惩罚冒险并奖励规矩的表现，团队成员只会继续逃避责任，不会达到最佳状态。最重要的是，每个成员要能得到机会以发挥他们的技巧和知识。领导者也要鼓励团队成员解决问题的好奇心，激励第一线执行人员独立思考与行动。

如果你真的对员工吹毛求疵，执行速度就会迅速减慢。如果团队的成员会因提出建议而被批评得遍体鳞伤，他们恐怕不会给你任何改变的机会。每个成员需要感觉底下有个安全网，才会往外探测。领导者必须容许他们犯错并从中学习，继续为执行做"最佳个人表现"。毕竟，有错误才会有进步。这并不是说团队成员可以不顾后果而乱做决定。当某个成员的态度轻忽草率，领导者必须决定是否停止这种恶性循环，如同领导者必须明白指出，拒绝承担责任的人是在糟蹋自己的事业前途。领导者显然是走在支持团队成员与维持秩序之间的细微界限上。领导者也许想帮某个成员增强信心，提供他们独立做事的空间，支持他冒险，却发现很难打破传统保守的价值观。许多执行团队仍存在着旧有的阶级、命令与控制型、躲避风险的环境；没有领导者鼓励责任感，也就没有人会去承担责任。

在这种情况下，换血或许是唯一的解决之道。费弗直言：“要清掉枯枝，雇用你认为比自己更好的人，训练他们并给他们回馈。确定你的评估和升迁标准符合你定出的道德和价值观。”麦肯锡总经理山森也说：“我们需要雇用那些不需要权威就能领导的人。团队成员会失败，是因为我们用错了人。更遭的是，一个不胜任的领导者会使四项计划的工作效率降低28%。”

做螃蟹还是做蚂蚁?

生活在海边的人常常会看到这样一种有趣的现象：

几只螃蟹从海里游到岸边，其中一只也许是想到岸上体验一下水族以外世界的生活滋味，只见它努力地往堤岸上爬，可无论怎样的执着、坚毅，却始终爬不到岸上去。这倒不是因为它动作笨拙，而是它的同伴们不容许它爬上去。你看，每当那只企图爬离水面的螃蟹就要爬上堤岸的时候，别的螃蟹就会争相拖住它的后腿，把它重新拖回到海里。人们也偶尔会看到一些爬上岸的螃蟹，但不用说，它们一定是单独行动时才上来的。

螃蟹的故事跟我们在开始讲到的蚂蚁的故事相映成趣，相辅相成地说明这样一个道理：掣肘时，易事难为；携手处，难事可成。螃蟹的“拖后”，很像执行中某些人的做法，由于一己之私作祟，他们惧怕竞争，一旦看到同伴或下属比自己强，就拆台阶、下绊子，千方百计竭尽倾轧之能事。其宗旨不外乎一条：众人共行平庸之道，以求万事之和。于是有多少发明创造的才智，就这样在无声无息中被内耗掉；有多少贤能，就这样被埋没在默默无闻之境，有多少"千里马"就这样拼死于槽沥之间。

蚂蚁的"抱成团"却与此大相径庭，这一抱是命运的抗争，这一抱是力量的凝聚。是以团结协作的手段，大无畏非凡的决心和不同寻常的镇定。为共渡难关，获求新生所做出的必要努力。无此一抱，蚂蚁必将尽皆葬身于火海。精诚团结则使它们的群体得以延续。

同一个团体的成员，他们可谓是息息相关，“一荣俱荣，一损俱损”。怎么可以闹矛盾搞分裂呢？在同一个团体里，只有精诚合作，才能共享所创造的利益。如果各自为政，不互相体恤，最终每个成员的利益都受到损害。大到企业，小到家庭，这都是放之四海而皆准的真理！是让你的团队做精诚团结的蚂蚁还是相互倾轧的螃蟹，将直接关系到执行能否有效进行。

为了有效的实现你的执行目标，在运用团队协作、发挥每个成员的力量的“蚁球”法时，你还需要注意以下几点。

1.通过奖励和提高荣誉感来培育“团队精神”

注重培养团队精神，即使在最困难的时候，也要鼓舞他们的士气，使团队成员对未来充满信心。这种团队所产生的巨大精神力量可以使执行的力量迅速壮大。假若一个执行团队的领导者能提高团队的荣誉感，增强团队队员的满意度，他就能够顺利地培育“团队精神”，就能牢牢地将员工团结在自己的周围，为共同的目标做出最大的努力。

2.加强协作与沟通，实现智力共享

团队强调的是协同工作，较少有命令和指示，所以团队的工作气氛很重要，它直接影响团队的工作效率。团队成员间的密切团结和高效沟通，不仅可以减少成员间矛盾和冲突，促进成员间相互了解、相互帮助和相互交流，使各成员的矢量和最大化，实现团队的整体目标，还可以实现团队成员间智力资源共享、促进知识创新。

3.选择个性才学互不相同的人组成互补团队

在一个团队中，每个成员的优缺点都不尽相同，执行领导者应该去积极寻找团队成员中积极的品质，只有团队中的才干学识和个性互不相同，合作起来才能取长补短，产生惊人的力量。成功的团队会将每一位团队成员的才华和能力转换成团队行动的丰富资源，每个成员的思想、个性、创新能力等，都是企业发展的重要因素。

4.挖掘团队中每个成员的潜力

现在的员工已经不再愿意在一个由上而下指挥控制、非人性的企业环境里工作，执行只有重新设计工作，赋予团队成员更多的责任，并采用高度自治工作小组的做法，才能获得成员的认同并努力工作。团队成员希望能够担负工作上的责任，并承担做决策的后果。

团队的力量来自于团队中每个成员，如果能够充分发挥每个成员的潜在能力，不同的成员发挥不同的作用：发起者指出方向，追随者实施完成，反对者进行纠正，旁观者则提出全面看法，那么，团队将会爆发出巨大的力量。

5.明确执行人员的责、权、利

执行中每个成员的责、权、利是否明晰对执行效果的影响较大，不同成员应拥有权力、利益，应与其相承担的责任密切相关。责、权、力不清还会使执行人员出现大量的越位行为。执行的领导有必要界定一下所有执行人员应尽的责任，也很有必要提倡每个成员一定做好本职工作，对有能力的人要及时发现，及时提拔，告诫经常越位而搬弄是非的人员要保持一颗平常的心态，多与群体融合，明确分工合作，共担风险和责任，形成坚韧不拔的团队。

第7章

如何创新，下属最有执行力？

老鹰是世界上寿命最长的鸟类，它一生的年龄可达70岁。

要活那么长的寿命，它在40岁时必须做出困难却重要的决定。

当老鹰活到40岁时，它的爪子开始老化，无法有效地抓住猎物。 它的喙变得又长又弯，几乎碰到胸膛。它的翅膀变得十分沉重，因为它的羽毛长得又浓又厚。使得飞翔十分吃力。

它只有两种选择：等死，或经过一个十分痛苦的更新过程。

经过150天漫长的操练，它必须很努力地飞到山顶，在悬崖上筑巢，然后停留在那里，不得飞翔。

老鹰首先用它的喙击打岩石，直到完全脱落。然后静静地等候新的喙长出来。

它会用新长出的喙把指甲一根一根的拔出来。

当新的指甲长出来后，它们便把羽毛一根一根的拔掉。

5个月以后，新的羽毛长出来了。

老鹰开始飞翔，然后重新再过30年的岁月！

“老鹰”法则：置于死地而后生、浴火中追求涅槃，这都是打破常规的思维。它启发我们，解决问题的办法常在问题之外。

与众不同的3M公司

1902年，5位密尼苏达人买下了一个油田，准备在采矿和制造业上冒险，就简称作3M公司，可是采油无望，出售计划落空了。绝望之中公司生产一种改进的砂纸，用于底特律的汽车厂，后来又发明了面罩胶带……

100多年后的今天，3M公司每年都要扩展上百种新产品，其中90%是直接针对顾客需求的，但是这样一家拥有近百亿美元年销售额和40多家分公司的企业是如何保持这种发明水平呢？

长期以来，3M公司通过培养自己的发明家来创造优异产品，公司中的6000名遍布世界各地的科学家，除去创造新产品之外，还要用15%的时间发展新技术，公司称之为“干私活儿”。即不经正常渠道从项目中悄悄地抽调资金、设备和人员，也被视为合理。这些在大多数公司被严格禁止的做法在3M公司已经合法化，董事长兼总经理路易·里尔是3M公司药品分公司奠基人，就是从“干私活儿”开始的发明冠军。3M公司对此的解释是：既然创新对公司是如此的重要，我们为什么要对进行创新的科学家们设定那么多限制呢？总而言之，我们鼓励和需要一切创新！

3M公司除了与众不同的鼓励科学家们“干私活儿”外，也鼓励优秀人才的市场冒险行为。

物理化学家戴夫·戴维斯曾在硅谷的一家小厂研制激光圆盘——今天所常见的光盘，20世纪80年代末期，当3M公司决定制造录音产品时，聘请戴维斯做项目经理。

3M公司喜欢用新技术研制出的新产品抢先占领市场。圆盘生产在净化室中进行，密闭的房间真是一尘不染，激光圆盘的价值就在于它对数据储存的极大容量，激光束能把一部《百科全书》的内容存在一个直径12英寸的圆盘上，而且可以在几分之一秒的时间内进行摘录。公司的决策者渴望用激光圆盘来代替目前用在计算机内的一整套硬圆盘，得到数十亿美元的市场。当时戴维斯在他的活动中正处于十字路口，要批量生产并投入市场，他需要2 000万美元的资金，最后的决议将在几天内在圣保罗的公司总部中做出。为了给这次会议做准备，戴维斯和他的小组要把别人可能提出的反对意见做出针锋相对的答复。

戴维斯雄心勃勃，如果他能把项目发展成有利可图的生意，3M公司就会将其扩建成一个新的分支让他独当一面。戴维斯已经通过了两关，第一关是小组的答辩，第二关是在公司，但是对他来讲，最大挑战是要通过3M的最高法庭——生产执行委员会的审查。在最后的审查会上，各位委员众说不一。还有人问到了一些细节问题。但是在座的人们对戴维斯以往的表现都很清楚，可以打赌他能运用新技术研制出经得起市场考验的产品，他们希望戴维斯成功，最后提议终于获得通过。

3M公司之所以成功，其秘诀就在于对戴维斯这样有杰出才能的人能够人尽其才，通过鼓舞戴维斯和数以千计那样的人才去大胆冒险，并在他们成功之后给予客观的奖励，公司才能够年复一年地不断研制出新产品。

具有创新精神是企业长久不衰的法宝。创新的源泉来自于员工，如何激发和保持员工创新的激情和动力呢？最为重要的一个方面就是要提供有利的创新环境，也就是自由、宽松、向上的环境。3M公司对员工“干私活”的鼓励，就是为员工创造了一个自由的环境，鼓励员工大胆创新。但是要使创新的想法转化为盈利，需要进一步将想法转化为可实施的商业计划，转化为具有市场潜力的产品，就需要谨慎的决策。3M公司的经验就是让发明者提出商业计划，并让他就产品的市场可行性进行论证，激励员工的事业心。3M公司鼓励员工创新的企业文化是非常重要的，所以有什么样的企业文化，就有什么样的企业和员工。

IBM：鼓励创新的企业文化环境

相信很多企业领导层都试图在企业内进行创新，以推动或保持企业的活力，然而多数却不知道如何着手。

IBM是世界上最大的计算机制造公司之一，该公司为了在企业内培养创新思想，激励科技人员的创新欲望和开拓精神，促进创新成功的进程，在公司内部营造了别出心裁的激励员工创新的企业文化环境。

对有创新成功者，不仅授予“IBM研究员”资格，而且还对获有这种资格的人，给予5年时间和提供必要的物质支持，从而使其有足够的时间和资金进行创新活动。

公司员工可以在自己的专业范围内，根据自己的兴趣与直觉，任意选择研究项目，自由制订工作计划。他们可以完全摆脱日常工作，不受公司一般行政规定的约束。

公司为每个研究员配备了一个由部门主管为首的科室人员与后勤人员组成的班子处理日常工作，使研究员专心从事研究。不愿意搞管理工作的技术人员不必担任经理职务，而这丝毫不会影响他们的提升。

只要研究的项目与公司经营的大方向相符合，研究员并不受5年期的限制。一般来说，每个研究员每年有几十万美元可供自由支配，进行试验和研究。只有当某一项目的资金需要达到几千万美元至几亿美元时，才经总部的批准。

这是一种非同一般的激励创新的文化环境，它对于那些优秀的创新者不仅是一种有效的报酬，还是一种强有力的促进剂，也是一种最经济的创新投资手段，它使创新者获得了实物形式的自主权，体现在以下方面。

（1）员工有选择自己所追求的设想的权力。

（2）员工有犯错误的权力。

（3）员工有把由成功带来的财富向未来投资的权力。

（4）员工有通过自己的勤奋获得利益的权力。

弃旧图新，领导潮流

瑞士钟表以多样的步伐、准确的时间走过了沧海桑田。400多年的历史足以让瑞士钟表业与日月同辉。

1876年，瑞士引进美国的机械技术后，钟表业更是如虎添翼。20世纪60年代，瑞士年产各类钟表1亿只左右，产值40多亿瑞士法郎。瑞士钟表在世界150个国家和地区“走动”，世界市场的占有率在50%~80%之间。20世纪70年代前期和中期仍保持着40%以上。

然而，辉煌常常就在火山口上。

20世纪70年代中期至80年代初期，日本、美国等国家和其他地区的钟表业迅速崛起，在竞争对手的“挤兑”下，“钟表王国”的王冠只有辉煌的余晖了。1982年度瑞士钟表世界市场占有率猛跌到9%；手表年产量下降到5 300万只；出口量从20世纪80年代中后期的8 000万只以上跌落到3 100万只；销售总额退居日本、香港之后而屈居第3位。市场竞争失势，业界苦不堪言。两家最大的钟表集团ASUAG、SSIH，1982年和1983年累计亏损5.4亿瑞士法郎；全国1/3的钟表厂倒闭，数以千计的小钟表公司宣布停业，一半以上的钟表工人痛苦地加入了失业队伍……

为扭转衰落，瑞士7家银行联手投资10亿瑞士法郎，买下国内两家最大的钟表集团ASUAG、SSIH的98%的股票，并将两大集团合并，于1983年5月组建为阿斯钟表康采恩——瑞士钟表业的“大本营”，聘请汤姆克担任总经理。

1940年，汤姆克出生于瑞士。他戴着瑞士手表考取了医学博士，也许是“钟表王国”对他的熏陶，1978年，他出任埃塔钟表零件公司的总经理。

汤姆克在担任埃塔钟表零件公司总经理前后，就奔走呼号：瑞士钟表业不大力发展电子技术，将会丧失“钟表王国”的地位。他还带领公司进行技术创新，在全国钟表业一片危机中保持兴旺发展的走势。

这一回，瑞士是把振兴“钟表王国”的历史使命放到了他的肩头。

大家的眼睛死死地盯着他如何出手。

汤姆克出手就是弃旧图新——摒弃对电子表不屑一顾的封闭观念，虚心学习对手的长处，追赶、进而领导石英表与电子表的新技术潮流。

许多人不敢苟同，也不愿意苟同。是啊，堂堂的机械表制造的老大竟然向石英表低头，没有面子。

对于瑞士的钟表业，不是面子问题，而是生存问题。

汤姆克沉重地讲：“瑞士钟表业衰落的一条重要原因，不是别的，是对为自己创造了无比辉煌的机械表特别珍爱，不容许加以否定；而对自己首创的电子表新技术视若儿戏，迟迟不愿推上生产线，而日本和香港地区的钟表厂商则敏锐地认识到电子表和石英表未来的前景，抢先一步，走在我们前面了。我们是被自己打败的。”

汤姆克同时让员工认识到与对手的差距。电子表可以组合在各种生活用具上，灵巧、方便；价值仅几十美元的石英电子表月误差不超过15秒，而“机械表之王”的劳力士月误差一般在100秒左右，两者相比石英表无疑占有绝对优势。因此，在未来的几十年时间内，市场上手表需求量最大的将是准确而价廉物美的石英钟表以及行同玩具的电子表。

汤姆克大声疾呼："死死抱定昔日辉煌不放，是没有出路的。"

汤姆克带领员工很快推出了一批新式石英表，其中最具竞争力的就是薄型斯沃奇表——被誉为振兴瑞士钟表业的"旗手"。这种圆形长针日历表，全塑表壳表带，表身精美轻巧，并有许多不同的颜色，带有草莓、香蕉等多种不同香味。由于采用最新的制造工艺，零件比普通手表减少一半，且具有抗震性能强、防水性能好，并能经受得起30米水深的水压等优点。在生产过程中，采用最先进的设备，如机器人操作等，因而性能稳定，生产成本却相当低，每只售价才30美元。该表问世后，销量扶摇直上。

瑞士人又一次看到了瑞士表在世界强劲的走势，心花怒放。

在视机械表为骄傲的氛围中，成功地推出反传统的电子表，汤姆克在产品结构的调整上迈出了可喜的第一步。但他不满足。

汤姆克又一次"弃旧图新"了。

过去，瑞士"劳力士""珍妮·拉萨尔""欧米茄""浪琴""天梭""雷达"等名表，高档的每块售价达上万美元，但批量极小。如欧米茄和天梭表，生产品种款式分别多达1 000种左右，其中许多品种生产批量极小，有的甚至每年仅生产几块。这不仅不利于提高生产效率、降低生产成本。不利于稳定质量，也给工厂的管理带来许多麻烦。汤姆克对欧米茄、天梭等表的产品组合进行全面整顿：弃"多品种、小批量"战略，缩小生产线的宽度，坚决淘汰一批利润不高的品种；扩大生产的批量，从而大大地降低了生产成本，使手表质量因标准化的提高而得以稳定；大力发展石英电子表，使的欧米茄电子表占到整个欧米茄表产量的50%以上，天梭电子表占到整个天梭表产量的60%以上，均实现了以电子表为主的经营战略——大批量、标准化。这就是他的图新。

汤姆克的“弃旧图新，领导潮流”，终于使得瑞士钟表业再度辉煌：20世纪80年代中期的世界市场占有率又恢复到40%，成功地超过日本、香港等地区的钟表而夺回了失落的“钟表王国”的王冠，再度称霸世界钟表业。

打破常规，创新执行

“穷则变，变则新”，守旧失败，创新必胜，这已经成为时代的潮流。任何企业，任何人，如果停滞不前，不思进取，其结果必定是机失财尽，被时代淘汰出局。只有努力发展，寻求努力发展，寻求新起点，适应事物与时代发展的特点，不断创新才能立于不败之地。

创新是衡量一个人、一个企业是否有核心竞争能力的重要标志，要提高执行力，除了要具备以上这些能力外，更重要的还要时时、事事都有强烈的创新意识，这就需要不断地学习，而这种学习与大学里那种单纯以掌握知识为主的学习是很不一样的，它要求大家把工作的过程本身当作一个系统的学习过程，不断地从工作中发现问题、研究问题、解决问题。解决问题的过程，也就是向创新迈进的过程。因此，我们做任何一件事都可以认真想一想，有没有创新的方法使执行的力度更大、速度更快、效果更好。要清楚创新无极限，唯有创新，才能生存。

为了有效的打破常规，创新地执行，你还需要注意以下几点：

1.实行渐近式创新

渐近式创新，即通过持续不断地积累局部或改良性创新，最终可以引起质的变化，实现根本性的创新。实施渐近式创新，能够使企业发现技术的市场潜力及进行针对性的改进，真正理解用户的需求，达到事半功倍的效果。

企业管理者只有审时度势，对企业的发展战略不断调整和选择并予以实施，管理体系才能不断地完善，创新能力才会逐步形成不断升级的过程。

2.保持比竞争对手领先两步的创新速度

创新犹如打持久战，企业不仅要暂时地站稳脚跟，而且要在长期的创新中有所作为，速度是必不可少的。企业创新如果在取得暂时的优势后不思进取，那么其优势就将被后来者打破。因此，创新者在开拓创新的过程中，只有保持速度优势，才能获得丰厚的利润。

3.营造创新环境，保护创新斗士

突出自己，富有竞争精神、满腔热情、坚韧不拔，这些都是创新斗士普遍具有的特点。他们能够经得起任何挫折。如果想获得连续不断的创新，就必须培训和支持这些人，即使可能会因此而带来一些伤害或副作用也在所不惜。

要想使创新斗士发挥他们的战斗力，管理者必须为他们营造一个适于创新的环境，使他们具有独立自主权与工作保障。在斗士们进行研究创新的时候，管理者应注意不要让其他人进行干扰，适时赶走打扰者，这样，员工才能全力以赴，专注于一项任务。

4.推行建议制度，使员工找到创新的乐趣

实施积极、有效的新制度，能够给企业带来明显的效益，能够使员工们的参与程度呈上升趋势，大大调动员工的积极性，最终促使企业不断发展。因此，只有对制度进行创新，才能利用企业现有资源创造巨大的财富。制度的创新，不仅可以使员工对接触到的所有东西采取更好的态度，还可以使员工不断地探求有没有更好的方法、更有效地做法来节省时间和工作量。

5.把握意外事件所带来的机遇

杜拉克说：“利用发生在一个企业或行业所关注的本业之外的事情，即看来好像‘与己无关’的事情，常常可以拓展延伸自身的业务范围，取得意想不到的成功。它们和本业内的意外事情一样是相当重要的，实际上，它们常常更为重要。”

意外的成功是风险最小、最易求索，因而也最易被人们忽视的创新机遇。要将意外成功转变为创新机遇，首先要建立灵敏的信息系统，及时发现意外成功；其次，要带着问题看待每个意外的成功——它对我们意味着什么？它给我们提出了什么要求？它会引导我们走向何处？我们如何才能使它转化为机遇？

第8章

如何授权，下属最有执行力？

杰克·韦尔奇带领下属去登山，他给下属发了NIKE的帽子和运动鞋，下属很高兴。韦尔奇把他们聚在一起说："大家想想，如果我再给大家发内衣衬裤，大家有什么想法。"大家都笑起来说："我们会觉得很奇怪。"韦尔奇说："登山是这样，管理也是这样，只要管头脚就行了，中间的事情就由你们自己去做。"

头脚法则：所谓管头就是制订原则、掌握方向；所谓管脚就是对关键性的实施步骤和执行路径做一下把握，一个高层管理人员要撒得开手、放得下事才算是合格的。

信任，然后授权

在执行过程中，只有使管理成为一种调动人们积极性的"医术"，触及到人们的头脑、感情和精神，不仅让人们能意识到自己的价值和潜力，还能让他们发挥出自己的价值和潜力，执行的目标才可能实现。正如我们都清楚的，人力资本是所有组织中最有价值的资本，在一个执行团队中更是如此。

在一般团队领导者眼里，团队由体力员工和知识员工组成，实际上这种差异在很大程度上是由领导者的管理模式和领导风格造成的。

如果把所有的员工都当成知识员工——授予他们更多的权力、教会他们商业思维——你就会发现你的周围全是充满活力的知识员工。例如，如果让门卫组织工作计划，选择完成任务和业绩评估的指标，对门卫们进行授权让其自我管理！你就会发现，当他们按照要求自主地制订业绩指标、评估方法和评估程序时，他们对自己的要求会比别人对他们的要求更严格，执行过程更高效，结果自然就更好。

所以，让员工自主管理自己的工作，和他们一起制订业绩指标，并让他们自己进行业绩评估，会得到更好的业绩。你应该把所有员工都看做是理想的员工——自主的、拥有智商和情商的员工，并且有成长的潜力，他们有选择的权力和自由，他们渴望取得成就。

让员工自主管理首先来自于你对员工态度的改变，当你充分信任和欣赏他们时，他们常常会带给你意想不到的惊喜。

自主管理还意味着大胆的授权。领导者将从授权中感受到以下由授权带来的好处。

1.能够适应环境的变化，提高反应速度

环境变化越是剧烈越应将权力授予下属，如果不那样做。决策的过程就没法适应快速变化的环境，往往就会影响决策的时效性和质量。

2.可以增加下属的积极性和效率

被尊重、被信任、被欣赏是每个人的心理需要，而授权恰好满足了这些需要。授予下属更多的权力会调动他们的工作热情。这已经被很多研究实验和实践证明了。

3.能发挥下属特长、培养人才

如果下属在某一方面有专长的话，就把这方面的事完全交由他来办，并且通过这种授权能增加他的责任感和兴趣，为执行团队培养出一些优秀的人才，同时授权也是帮助下属发展的重要途径。很多团队都采取授权的办法来培养人才，锻炼下属、储备后备干部。

4.减轻高层管理人员的负担

真正的好领导，不是所有事情都管的领导，而是那些抓大放小的领导。

5.授权还能使组织的结构变得更加完善，同时使组织内部关系更加和谐

因为把权力授予下属后就扩大了他们的活动范围，增加了部门与部门之间协调配合过程，使他们能够在自主的基础上互相配合，从而使组织整个的运转效能提高。

通常执行团队的规模越大，权责下放就变得越重要。尤其是怎样将权责下放给一线人员对执行的效果而言，就更重要了。

沃尔玛的创始人山姆·沃顿从20世纪70年代开始关注将权责下放给一线人员这方面的问题，并采取改进办法。其中最有名的方法叫做“店中店”，是从教科书中学来的，意思是让商店里的部门经理能相对独立地管理自己的业务，并将其收入和未来的提升与业绩挂钩。

一般大零售店的部门经理只是按时打卡上班，打开纸箱，将商品放上货架即可。但沃尔玛则让每位部门经理充分了解有关自己业务的资料，如商品采购成本、运费、利润、销售额等，以及自己的店和商品部在公司内的排名。鼓励每位部门经理管理好自己的业务，努力工作，取得好成绩。

同时，沃尔玛公司一直注意在下放自主权与加强控制之间取得平衡。一方面，公司有许多规定是各分店都要遵守的，包括商品定价，绝大多数商品也是每家分店都要销售的；另一方面，每家店又有自主权，如商品订购权责在部门经理，商品促销权责在分店经理。例如沃尔玛在佛罗里达洲巴拿马市有一家分店，8公里外的海滩附近还有一家分店，但两店的目标顾客和商品陈列完全不同。前者为城市居民日常生活购物服务，后者目标为海滩旅客，因此公司让每店经理根据顾客实际需要全权负责经营，每店再各自培养部门经理。

授权本身是对人性的尊重，让每个人发现和发挥自己的潜力和激情，更好的利用拥有各种专长的人才，有效地为执行的顺利进行鞠躬尽瘁，保证执行的最终效果。

授权给你的助手

美国管理咨询专家艾德·布利斯有句名言："一位好的经理总有一副忧烦的面孔——在他的助手脸上。"布利斯这句话的意思是说，好的执行团队的领导人员懂得向助手或下属授权，充分调动他们的主观能动性去完成工作任务，而不是自己包揽一切，结果使自己疲惫不堪，面孔忧烦。

布利斯指出当今商界领导人的一个观念误区——太多的领导者想要享有决定一切大小事务的那种万能的权力。这不仅只是不能很好地利用好自己的时间，而且也阻碍了下属的潜力发挥和成长。

布利斯建议的授权程序是：在第一次委托人做事时，给予他你认为达成任务所需的指导和支持。下一次，当你将同样的工作授权给同一个人时，减少你所给予的指导。这样过了几次之后，你只需要稍加指导，就可以得到满意的成果。

有效授权的建议

如果不懂得授权给下属，结果就是自己忙得要死，而下属则袖手旁观。你应该掌握授权的艺术，以腾出时间去做更重要的工作。

那么，如何才能确保你没有过度管理、缺乏授权呢？你可以考虑一下下面的建议：

1.不要陷入无意义的细枝末节中

永远不要让你的眼睛离开目标。为了达到目标，静下来的时候，想一想你到底需要做什么。

2.减少管理

假如你管理得太多了，搞清楚原因何在。是员工们没有得到足够的培训，还是因为你是一个强迫性太重的人？直面现实，然后采取矫正行动。

3.授权，委任

让下属全部靠边站，你不可能事事亲历亲为。韦尔奇说，领导的关键在于发展和培养伟大的领导者。假如你不给人们机会去试一试，你永远不会知道他们能走多远。

下面，我们一起看一下三星总裁是怎样将权力下放助手的：

韩国最大的财团三星集团总裁李健熙是个很懂得向下属授权的人。他在1994年10月，把大小事一把抓的总裁秘书室规模大幅度缩小，分设了电子、机械、化学及金融保险四个集团，分别设立集团长，将权力下放给由集团长和总裁秘书室主任等七人组成的集团经营委员会，负责最高层的决策。李健熙的充分授权，并不代表他权力的衰退。这七个人都是追随他多年的最亲近的领导人员，他们一直在李健熙的授权下工作，因此，他们对李健熙的想法知之甚祥，即使李健熙不在，他们也能够做出与李健熙意见相差无几的决定。

有些人也知道授权的重要性，但他们总埋怨手下没有可以委托的人。须知，才干是在实践中增长的，你总是不敢把艰难的工作交付给下属，他们就永远也没有显示才干或得到提高的机会。正如同你总是不敢放孩子下地，他就永远也学不会走路一样。

有一点你需要明确——授权与单纯的分派任务不同。分派任务只是让下属按照你的吩咐去做，他是被动的。而授权则是把整个事情委托给他，同时交付足够的权力让他做必要的决定。比如，你要某人去印一个小册子。你就不必再交待一些有关形式、封面、附图等的详细意见，而是让他自己去选择、决定，相信他会把工作做得很好，而且他会引以为荣。

对授权的另一种误解是绝对不干预，这同样是错误的。正确的授权原则是：放手让别人解决问题，但同时知道，自己何时加以干预是应该的。其实，授权的要诀就在“信任”。不要过多干预，除非有严重错误需要及时纠正。你不要苦心竭虑地想弄清楚每个人的工作，只要为他们提供所需的条件，让他们觉得自己是项目的主人，这就够了。

为他们指明方向，然后你就走开

一般的管理者不放心把权力委托给下属，这是出于“别人谁也不会像我自己做得那么好”的思想。虽然他们也意识到个人的能力是有限的，不过多数情况下，他们还是只考虑怎样安排自己的生活，以便有更多的时间和精力用到企业上，而不会想到请其他人来完成部分工作。他们做事总是喜欢权力一把抓，大小事情统统自己动手，造成自己整天忙得像无头苍蝇。

思科公司的总裁约翰·钱伯斯就不是这类领导人，在所有大企业中，恐怕他是最乐于授权给下属的总裁了。约翰·钱伯斯说：“也许我比历史上任何一家企业的总裁都更乐于放权，这使我能够自由地旅行，寻找可能的机会。”

最有能力的总裁并不等同于大权在握、搞集权统治的总裁，钱伯斯认为：“一群人总是能够打败一个人的。如果拥有一群超级明星，那么就有机会建立一个王朝。”

钱伯斯认为：最优秀的领导者并不需要大包大揽，事必躬亲，其关键作用在于如何把人员合理地进行统筹安排。

钱伯斯说：“很久以前我就学会了如何放手管理。你不能让自我成为障碍。成为一个高增长公司的唯一办法就是聘用在各自的专业领域里比你更好、更聪明的人，使他们熟悉他们要做的事情，要随时接近他们，以便让他们不断听到你为他们设定的方向。然后，你就可以走开了。”

如果是中央集权制，即上面做了决定，下面只是执行，大家就不会有动力。而钱伯斯的做法是：不告诉下面的人怎么做，而是告诉他们一个目标，让他们来看怎么实现这个目标。在钱伯斯的“分权”理论的指导下，整个思科的管理方式都有了极大的变化：他们摒弃了“指令性管理法”，采用“目标管理法”。任何人都不能对员工的具体工作指手画脚，上司只能够大体制订一个方向，具体操作就由员工自由发挥了。这样一来，在目标的确定上由上下级共同讨论商议完成，在目标的实现上，员工会有很大的灵活范围来采用具体方法。每个人没有必要一定要听从其他人的指令才能够完成任务，员工自己的方式也许会将工作完成得更好、更快。

在思科，高级管理层确定战略和目标，建立公司所需要的文化，然后放权到基层，令公司更多的基层人员拥有决策权。这样做就使得公司的许多事情由市场来决定的，而不是公司决定市场。而且随着互联网的飞速发展，思科也发生了新变化：许多以前只能由高级管理层掌握的数据现在到了个人手里，像基层人员和客户。放权给他们，决策的质量会得到更快的提高。

钱伯斯认为，一个人的能力是有限的，只靠一个人的智慧指挥一切，即使一时能够取得惊人的进展，但是终究会有行不通的一天。因此，思科公司的成功，不是仅仅依靠首席执行官的领导，不是仅仅依靠高层管理人员的努力，而是依靠全体思科员工的集体努力才获得的。

有效授权的关键：职、责、权的统一

授权对执行的有效进行的确很重要，同时授权本身也是一门学问，为了更好地授权，你可以学习一下下面提到的授权的过程和需要掌握的原则，从中我们可以看出，其中最核心的即为：职、责、权的统一。

为了实现这种和谐有力的统一，授权的基本过程可以分为4步进行。

1.职责的分派

职责是完成一个任务必须履行的义务，授权首先要把这种职责分给下属，明确要完成的任务。

2.权力的委任

主要是把职权授给下属。职权是指某一固定位置所拥有的做出决策，采取行动的正式合法权力。职权与职责必须相随匹配，适当对等，只有这样授权才有效果。

3.责任的确立

授权过程的特殊性在于它的权责转移往往是不对称的，把权力授予下级而责任往往还留在上级。举个例子来说，一个市场部的总监，授权下属去谈一个合同，当合同失败时，即使授予下属谈判的权力，总监仍然要承担合同失败的责任。不是说谈判授权给下属，失败了就要下属承担责任。所以授权过程中要明确双方彼此的责任。授予下属一部分权力，但是责任自己还是要有一部分，要明确下属担任什么责任，自己担什么责任。

4.建立控制

授权不等于弃权，所以把权力授予下属后要很好地监督，随时控制进程，了解情况、掌握信息，发现问题及时解决。

授权一般有以下几点原则。

（1）明确目标，制订范围。

（2）清晰的权责界定是后续工作顺利进行的前提。

（3）责任的绝对性。

责任本身是不可分派的，也是不可委任的。你可以委任下属一个授权的职位，让他为你做事，但是权力本身所带来的责任是不能委任给下属的。

5.命令的统一性

一个下级应该只对一个上级负责，不能再现多重领导。

6.要正确地选择下级

选择能胜任的人，授予他权力，要以高超的察人技巧和用人技巧来支持授权。

7.进行必要的控制

确保下属能够充分地履行职责，正确地行使权力。

8.要充分信任

如果真的把权力授予你的下属，就要给他充分的信任。

9.抓大放小

把最重要的、方向性的、战略性的、关键性的大事情留在上面，把一些不太重要的细枝末节的事情都交给下属去完成。

“能不能”授权与“愿不愿”授权

掌握了执行中授权的原则和程序，你如果还不能有效授权，那可能是因为下面的原因。

（1）担心下属做错；

（2）担心下属工作表现不满意；

（3）担心丧失对下属的控制；

（4）不愿放弃得心应手的权力；

（5）躬亲为之比下属去履行任务更加省事；

（6）找不到适当的下属授权。

其实，从管理学的观点，以上6个理由都难以成立，授权根本不是“能不能”的问题，而是“愿不愿”的问题。

下面10个问题可以帮助你检查你的授权技能是否高超。

（1）当你不在场之际，你的下属是否只继续推动例行性工作？

（2）你是否感到日常工作占用你太多时间，以至无法腾出时间做计划？

（3）遭遇紧急事件，你管理的部门是否出现手足无措之现象？

（4）你是否为细节问题太过用心？

（5）你的下属是否经常要等待你示意“开动”才能着手工作？

（6）你的下属是否有意避免提供意见？

（7）你部门中的小团体是否勾心斗角，以致无法团结？

（8）你是否经常抱怨工作无法按原定计划进行？

（9）你是否觉得处理琐碎的工作太花时间？

（10）你的下属是否只执行你的命令，而无工作热忱？

假如你对以上问题的答案是肯定，则表示你的授权范围之技巧大有商榷及改进之余地。

第9章

如何激励，下属最有执行力？

A与B参加赶驴比赛，比赛之规则非常简单：不管用什么手段，只要能以较短的时间将驴子由牧场之一端赶到另一端，即算赢。A站在驴子背后，用一只脚踢驴子的臀部，驴子因怕痛，所以当A踢一下，它即往前走一步，A不踢，它就停下来，结果A花了一个小时才把驴子踢到终点。B则骑到驴背上，手中拿着一枝竹竿，竹竿尽头挂着一根红萝卜，这棵红萝卜刚好处在驴子眼前不远处，驴子很想吃萝卜，所以拼命往前赶，结果B只花了10分钟时间即让驴子自己走到终点。

“驴子”法则：完善而有效的激励机制，是提升执行力的关键。

有效的激励追求点点滴滴的合理化

对一些领导者而言，激励即使不是一种口头禅，也往往由于误解激励而采用了无效的方式。不了解激励的真义，就不能够深入探讨激励的本质，只是嘴巴上说说，却缺乏真正的有效措施。

还有些人认为刺激、鼓舞或开一些空头支票来描述未来的愿景，便等于激励。有些人以为诚恳或坦诚就是激励，于是把这些与激励有关的东西当做激励本身来看待，结果当然收不到激励的效果。更有些人用施加压力来激励，短暂地提高绩效，便自以为得计。时间一久，也就失去了效用。

有效的激励要追求点点滴滴的合理化，而绩效奖金制度显然是推动合理化最有效的催化剂。

台湾经营之神王永庆领导下的台塑公司通过推行绩效奖金制度，将公司最重要的资源——人力资源——发挥到了最大的效用。

王永庆认为，事是人做出来的，事要做到合理化，首先人要合理化；所谓人要合理化，就是要塑造一个合理而且能够使员工有效发挥潜能的工作环境，这种环境就是促使人有切身感的环境。

坦白讲，由于大多数企业管理合理化的程度相当有限，绩效的考核普遍都很不精确。所以工作多做一点并没有什么奖励，少做一点也差不多。在这种环境中，人员潜力的发挥一半都不到。但是如果工作环境会造成切身感，潜力至少可以发挥到九成以上。

台塑公司在设定绩效奖金制度的同时，还附带有改善管理、更新设备的配套措施，使员工觉得力有处使。同时，为避免少数人的懈怠行为影响单位的整体效益，又特别设立了团体基金。凡是懈怠者，其绩效奖金要扣除一部分充做该单位的公共基金，以示公平。由于自上而下地贯彻一种公平奖励、能者多劳、多劳者多得的精神，台塑公司人尽其能、物尽其用，最大限度地创造了高效益。

你为什么不赞美？

真诚和关怀是激励的基本要素，所有措施，离开这两项基本要素，便不可能产生真正的效果。

真诚地赞美是最佳的激励方式之一，原因在于：

（1）赞美表达的是你对他人工作成就的认可态度，当员工受到上级的认可后，能对自身产生信心，并可以提升对工作的满意度。

（2）当员工因为某种行为而受到赞美时，他会倾向于把这种受到赞美的行为保持下去。

（3）赞美最重要的一个优点是他不需要组织付出任何额外的成本，只要你愿意，你随时随地可以发现员工的成就和进步，并随时随地的赞美他们。

然而，现实中的很多领导者是从不或者很少赞美他们的下属的。领导者想要增加员工的生产力，但为什么不愿寻找员工的成就，给予他们肯定和赞美呢？你可以听到他们以下的解释。

（1）没有时间。

（2）没人在乎赞美，他们更在乎加薪、发奖金、升迁。

（3）我的下属表现很平凡，没有什么成就。

其实上面的解释都是对赞美的误解。

第一种解释。这是一种典型的借口。如果你有时间思考怎样惩罚一个员工的错误的话，你就肯定有时间赞美你的下属，而且你可以试一下，后者所花的时间一定更少。

第二种解释。这说明你没有足够表现肯定的方式：如果你认为表示肯定的方式只有加薪、发奖金、升迁的话，那么你的下属就只会看重它们，其实除了赞美之外，荣誉、成长、责任、权力都是表现肯定的方式。在这些表现肯定的方式中，其实，最直接、最简便的是对员工的赞美。

第三种解释。这表明了领导者对“成就”的误解，人们习惯于把有目共睹的成就当做是成就，这太片面了。如果一个员工过去总犯错误，而他现在犯错误的次数减少了，这算不算成就呢？当然算。如果一个员工完成某件工作的成功率和失败率各为50%，相信你一定会对他的失败率进行批评，这是应该的，但是你还应该在批评之后或在批评之前对他的成功率进行肯定，因为这也是他的成就！这样一想，你就不难发现员工的成就了。

下面是两个赞美的例子：

过去几天，你发现小王有两次没有按照指定的程序工作，你提醒他这个规定的程序应该遵守，第二天，你发现他做到了。你可以过去说：“小伙子，我看见你遵守了我提醒你的工作程序，这样很好，它会增加我们的工作绩效。”

你指派了一个特别的任务给你的副手，你知道他总是独自解决问题，却没有向你报告事情的进展。在你指派工作的两个小时后，他向你打电话报告工作的进展情况。你说：“谢谢你让我及时知道事情的进展，这下我放心了！（但是我觉得你可以……）”

有些领导者虽然知道赞扬下属的重要性，但却没有掌握赞扬的技巧，有时甚至弄巧成拙。如果你能够充分地运用赞扬来表达自己对下属的关心和信任，就能有效地提高下属的工作效率。

真诚地赞扬员工的技巧：

（1）赞扬员工要持平等的态度；

（2）赞扬要公平；

（3）赞扬要及时、真诚；

（4）赞扬要公开、得体；

（5）赞扬具体的事情；

（6）赞扬工作结果，而非工作过程；

（7）赞扬特性，而非共性；

（8）要提出正面的建议，谈成功率，而不是失败率；

（9）要明确地指出受称赞的行为；

（10）员工有所成就时，立即给予肯定；

（11）赞美要包含这项行为对公司的整体效益。

执行中的激励机制

执行中的激励模式必须保证激励机制能给决策人清晰的方向，并促使他们的行动和执行的目标保持一致。如果执行过程不能调动员工的工作积极性，自然毫无希望；但是员工积极性被调动起来后，缺乏统一目标引导，比前者更加糟糕。

管理层必须明白一点：激励机制的重点并不在奖励的多少，而在于如何实现组织的协调性。管理大师肯·布兰查德在其著作《一分钟经理》中指出，“在相当多企业里，员工其实并不知道企业对自己的期望，所以在工作时常出现‘职业偏好病’——即做了过多领导没有期望他们做的事，而在上级期望他们有成绩的领域里却没有建树。造成这样的情况，完全是由于经理没为员工做好目标设定，或者没有把目标设定清晰地传递给员工。” 所以完善的激励机制是激励有效与否的关键。

谷歌的崛起是美国硅谷的又一个令人折服的传奇，而激励体系就是其成功的一个重要因素。谷歌公司把薪酬体系建立在强调员工努力与企业绩效一致的基础之上。管理层每年要和员工完成两次高质量的交谈，一方面要对员工的业务表现进行评估；另一方面还要帮助员工认识自己的潜力，告诉他们特长在哪里，应该达到怎样的水平，以及某一岗位所需要的技能和应接受的培训，从而对每一个员工的工作目标、发展方向进行明确的界定与有效的沟通。

激励的机制是否完善、时机和手段是否合适，直接影响到激励的效果，进而影响执行的有效进行。辩证的科学的选择激励形式、激励时机和风格，是建立完善的明晰的激励机制的关键。

从激励的表现形式来看，激励可以分为以下4类。

1.精神激励

精神激励是一种深入细致、复杂多变、应用广泛、影响极大的工作，它是执行的领导者教育倡导企业精神，培养有理想、有道德、有文化、有纪律的新型职员队伍的有效方式。

比如在企业各级组织中开展有计划的竞争评比活动，能有效地统一集体与个人的目标，以激发人的团结协作的整体积极性，提高工作效益。它还能促使人的感觉、知觉敏锐准确，注意力集中，提高操作能力。开展竞赛，还能提高产品生产的数量与质量。团体间的竞赛评比能缓和人际矛盾，增强集体荣誉感感，积极为集体做贡献。

企业的精神激励任务，就是决策人善于发挥先进职工的奋发进取精神的作用，在给予他们鼓励的同时，帮助他们从各方面消除消极影响，以使大家的积极性得到最大的发挥。

2.情感激励

情感是人对客观事物所表现出的一种感觉的态度。它能反映人对事物作用后的好恶倾向。如企业对职工的关心和信任，把集体的温暖送到他们身边，可以激发他们对执行本身的热忱和本职工作的责任，强化他们的主人翁责任感。情感激励的形式是多种多样的，从帮助解决生活与工作上的实际困难，促进他们积极上进，到促进员工积极进行自我的反省与对资深发展的思考。从多个角度给予激励，促进工作效益。总之，执行的领导者要达到激励决策的作用效果，应把感情的激励贯穿于激励的全过程，把对下属的情感直接与他们的生理和心理需要有机地相联系，并力求他们的个人愿望现实化，使之情绪始终保持在稳定、愉快、兴奋的状态中，以促使工作效益的高水准。

3.物质激励

追求生活的需要是人生存的本能。它客观上是体现在物质需求的基础上，在需求合理、情况可能的前提下，执行领导人员从具体实际出发针对不同性质的需要特点，引导他们对目标需求放在现实的基点上。物质激励在政策上要注重向一线、科技和有突出成绩的人员倾斜，以适当的物质手段来刺激工作人员，以唤起人们对欲望目标的向往和追求，并激发人的上进心，促进人们对自身社会价值的认识。与此同时，物质激励的作用要放在思想品德和道德情操的培养重点上，立足点则要放在激发人的主观能动的持久性上，才会有更好的功效。因此，从这个意义出发，要把物质激励和精神激励有机地结合在一起。

4.民主激励

在执行中，每个员工都充当一定的工作角色，但都是处于公平、协调、尊重、平等的人际关系中共事。就是执行领导者也应是在支持、引导、启发人的工作自觉性中施行监督控制。民主激励是执行激励的本质，因此，执行应在集中管理的体制原则下体现最大限度的民主，维护和尊重工人主人翁的地位。在执行中，即使是有不符合整体利益的行为，也应当以纪律和制度来减少和消除。

“遣将不如激将”，换在执行里面，这句话的意思就是：命令下属去做某件事，不如激励下属去做某件事。下属好比一块原石，领导者必须去“雕琢”它，让它有价值，变成美丽的东西。有人说：“过度的压力可以让天才变成白痴。适当的激励，却可以让白痴变成天才。”这句话可真是一针见血，直接道出激励力量的伟大。

根据激励信息和受激励行为之间的时间差距，可分为及时激励和延时激励。及时激励即在人们的良好行为出现后立即给予激励。延时激励则是在人们良好行为出现后，相隔一段时间后再给予激励。

采用及时激励还是延时激励，一般需要考虑以下因素。

1.根据员工的不同感觉掌握激励时机

时间对所有人都一视同仁，但是由于人们的主观愿望不同，因此会产生对时间长短的不同感觉。对儿童和青少年来说，感觉时间过得很慢；而中老年人则觉得时间运行太快。这种不同感觉和他们不同的生理节奏快慢紧密相关。因此企业进行员工激励时，应该区别对待。

对青年员工和不成熟者实行激励时，一般而言，宜采用及时激励。即当他们的良好行为出现后立即给予激励，不必等到月评、年评。此时，他们的积极性正高、情感正丰富，及时激励能促使他们认识深刻、行为良好并坚持下去。对中老年人和较成熟者来说，则可采用延时激励，即在一定的时候和场合予以总结和奖励。这样可以帮助他们加深对良好行为的认识并提高其认识程度，促使其良好行为稳定化。

2.根据考核的不同内容掌握激励时机

对于执行来说，如果进行的活动是有规律的，可采用有规则的激励；如果进行的活动是突击性、战役性的，则应于活动结束后评比激励。

及时激励能给人们及时的信息反馈，迅速地调动人们的积极性；延时激励可以保证激励的全面性和准确性并鼓励落后者迎头赶上。激励的时机具有灵活性和系统性，需视具体情况而定。及时激励并不是说每次都要及时，如果这样，那么一次奖励不及时（根据需要），就会影响人们的积极性，可能造成人们为激励而工作的心理；延时激励不能延得太长，太长了也失去激励的作用。

激励的神奇力量

1895年10月的一天，一个年轻人到美国全国现金出纳机公司办事，遇到了该公司设在布法罗市营业处的约翰·兰奇先生。他向约翰·兰奇表示：

“我……我希望能当一名推销员。”

“可以一试。”约翰·兰奇先生可没有太多的时间跟他废话。

两个星期过去了，年轻人走街串巷，一台出纳机也没有卖出去。

他来到约翰·兰奇的办公室，希望这个前辈给予指教。

“哼，我早看出你不是干推销的那块料。瞧你一副呆头呆脑的样子，还不赶快给我从办公室滚出去！你呀，老老实实地回家种地去吧！”

约翰·兰奇竟然劈头大骂。

这个年轻人身材高大，此时却无地自容。不过，他没有因为被数落而不满，只是默默地站在那里……最后，约翰·兰奇没有再发脾气，而是和蔼地说：“年轻人不要太着急了，让我们来好好分析一下，为什么没有卖出出纳机呢？”

约翰·兰奇像换了个人似的，他请年轻人坐下，接着说：“记住，推销不是一件轻松容易的事。如果零售商都愿意要出纳机，他们就会主动购买，用不着让推销员去费劲了。推销是门学问，而且学问很深。这样吧，改日，我和你走一趟。如果我们俩一台出纳机都不能卖出去，你和我都回家吧！”

约翰·兰奇没有食言，过了几天，他带着年轻人上路了。

年轻人非常珍惜这个宝贵的机会。他认真地观察这个老推销的一举一动。在一个顾客那里，约翰·兰奇静静地说：“买一台出纳机可以防止现金丢失，还能帮助老板有条理地保管记录，这不是很好吗？再有，这出纳机每收一笔款子，就会发出非常好听的铃声，让人心情愉快……”

年轻人睁大眼睛，看着一笔生意就这样谈成了。

后来，约翰·兰奇又带着这个年轻人出外推销，都成功了。

年轻人后来知道，约翰·兰奇那天对他的粗暴，一不是真的看不上他，二不是跟老婆吵架了拿他出气，而是对推销员的一种训练方式——他先是将人的脸面彻底撕碎，然后告诉你应该怎样去做，以此来激发人的热忱和决心，调动人的全部潜能和智慧。

这个年轻人从约翰·兰奇那里学到了这种容忍的精神和积极的处世原则。1913年，他被人诬陷，被公司老板冷落了好几个月，最后被开除。那一年他已经39岁了。但他决定东山再起，没用多长时间，他负责经营一家只有13个人组成的计算制表记录公司。但经营并不顺利，几年后，公司几乎要破产，是靠着大量借贷才熬过了1921年的经济衰退期。1924年，已经不再年轻的他将公司改名，他希望公司提高眼界，更上一层楼，成为真正具有全球地位的大公司。这似乎有点滑稽，听听他儿子是这样描述的：

"家父下班回来，拥抱母亲，骄傲地宣布：从此之后，计算制表记录公司改成比较响亮的——国际商用机器公司。我站在客厅的走廊上想到：就凭那家小公司？家父心里想的一定是未来的国际商用机器公司。他实际经营的公司仍然到处是叼着雪茄的家伙，卖的是咖啡研磨机和屠夫用的磅秤。"

这个年轻人就是IBM的创始人——托马斯·约翰·沃森。

在这个故事中，约翰·兰奇先生可以说是执行团队领导人的一个优秀代表，虽然他们的这个团队只有两个人。而这个年轻人最终能卖出现金出纳机，成为一个优秀的推销员，并最终成就自己的事业，与约翰·兰奇先生的睿智的激励和指导有密切的关系。如果当初约翰·兰奇先生将因卖不出产品而垂头丧气的托马斯·约翰·沃森赶出办公室，不给他任何机会，不再激励他思考尝试并亲自指导，也许我们今天不会看到IBM帝国的昌盛了。领导者的激励措施是否得当，不仅影响执行的业绩，也对每个成员的发展起着重要的作用。

激励——执行的沸点

随着科学技术的迅速发展、企业之间竞争的加剧、社会结构的转变和员工素质的提高，激励问题显得越来越突出了。

20世纪60年代以来，美国企业员工的流动率居高不下。《幸福》杂志1981年报道，从60年代到80年代，美国企业从大学毕业生中聘用的职员的流动率翻了两番，达到平均50%的高度。这不仅大大增加了招聘、培训等人事管理成本，而且失去了不少可贵的人才。《幸福》杂志每年都要组织专家评选本国的“500家大公司”，过去的评价指标主要是那些表明公司经营成果的财务指标。80年代以后，则非常重视企业活力中的软指标，包括领导班子的素质、产品和服务的质量、吸引培养和留住优秀人才的能力等。这样就把能否吸引、培养和留住优秀人才的能力放在与财务指标同样重要的位置，并且人力资源管理方面的指标逐渐被认为是终极指标。人们普遍地认识到，企业之间的竞争，最终表现为人才的竞争。

现代企业制度发展到今天，已趋于成熟和完善。但是，在美国，20世纪70年代以来，寿命超过20年的公司数目只占公司总数的10%，只有2%的公司能存活50年。1983年壳牌石油公司的一项调查发现，在1970年《幸福》杂志排行榜上的“500家大公司”，到了1983年有1/3已经销声匿迹。企业组织持续发展问题越来越引起人们的重视。企业组织持续发展的能力。最终决定于企业员工和整个组织的精神状态和持续学习的能力。1993年，美国管理学博士潘威廉指出：“中国众多的人口既是一种最大的负担，又是一种最大的财富，这一切取决于如何看待和管理这个财富。中国应当着手认真研究这个人口总体，了解激励他们的因素，把握他们的愿望和渴求……”

作为执行团队的领导者，站在下属的立场来了解他的感受、要求和苦恼，下属才能够接受你的关心，并且给予相当的回报。有些人一想到“将心比心”，便认为“要求对方的想法和我一致”，或者“放弃我的观点以便接受对方的想法”。这两种念头都是不正确的感受，真正的“将心比心”，乃是“和而不同”，了解他的感受，却未必要接受他的感受。同情不一定同意，使双方达到融合的一体，然后彼此合理地互动。

你应该尽量及时地对下属施以合理的激励，以免下属不耐久候而有所不满。如果确实有其他的顾虑，最好先暗地里告诉他，使其情绪平稳而耐心等待下去。有时候坦诚告诉下属自己的苦衷与无奈，也能够打动下属的心，收到激励的效果。激励某人，若是因此而引起他人的不满，对激励而言，实在是顾此失彼，很不值得。所以激励要慎重而公平。

为了更好的激励你的下属，作为执行领导者，在执行的过程中你还需要充分体会并实施以下几点。

1.完善奖励的标准

奖励的标准必须公平而又恰当才有意义，标准定得太高、太严，会使团队成员觉得如空中楼阁难以达到，产生受欺骗的感觉；标准定得太低，他们轻易就能做到，反而养成懒惰的习惯。所以，作为执行的领导者，你必须对下属的工作有深入的了解，拟定出合理的奖励办法，既不太严，又不太松。要维持长久的绩效，执行中就必须建立合理的奖励标准。有了合理的标准，才能正确计算各执行人员努力结果所获得的绩效情形，再按绩效情形给予适度的酬劳与奖励，这样就能够发挥他们潜力的最大效用。

2.斥责是不断鞭策下属的有效方法

斥责，无论在哪个人的眼中，都不是一个良好的对待他人的态度。然而，有的时候，斥责却能起到激励下属的作用。有诚意的训斥，不管何时何地，总是和对方的心灵相通的。作为执行领导者，你需要注意的是“斥责管理术”的本质不在于其骂人的功夫，而在于其彻底务实、坦诚直率的激励手段。只要这激励是出自内心地引导他，希望他能够有所收获，虽说没有人愿意受到责备，但事后经过反省，一旦体会到那是蕴含着爱的斥责，内心就会充满感激。

3.为年轻人提供不断晋升的机会

从心理学的角度来看，年轻人富于朝气并喜欢新鲜的事物，年轻的下属当然也是，他们喜欢面对挑战，希望自己的工作充满乐趣并富于变化，不愿意整天工作在单调乏味的环境中，他们希望自己的成就感与好奇心能够在工作中得到不断的满足，并渴望获得及时、明确的肯定和承认。

执行中使用能力突出的年轻人，并以不断晋升的途径来激励年轻的员工，这样不仅能够使他们与执行之间产生有益的互补共振效应，还可以有效地保证执行的效果。对于他们各人前途而言，通过不断晋升来达到个人的成功也是实现其个人价值的重要手段。

4.为下属提供不同岗位的磨炼机会

常年做同一件事是非常枯燥的，很容易让人失去战斗力。而通过灵活的职位变动，员工可以找到新的起点，补充全新的知识，能够以饱满的热情去工作。这样有助于更好地发挥员工的潜力，激励他们力争上游，以更高的标准要求自己。同时，你的执行团队也可以借此重新审视员工的能力，以拓展其各方面的能力，塑造出复合型人才。

5.目标是最大的激励

人们生活和工作的一个重要动力就是为实现一定的目标而奋斗。任何一个人都有自己所期望的目标，如何运用这种目标动力去激发员工的积极性，是一种执行艺术。正如中国电脑先驱联想集团董事会主席柳传志先生所说：“目标是最大的激励，给员工一个值得为之努力的宏伟目标，比任何物质激励都来得实在，也比任何精神激励都来得坚挺。”

6.激励和文化结合

执行必须和文化结合在一起，才能够产生宏大的功效，激励也应该重视民族性的差异，做合理的调整。例如：美国人重视个人主义，激励应以个人为主；日本人偏重集体主义，最好激励团体；中国人则两者都不是，却两者都重视，有效的方式，唯有透过个人来激励团体。

第 10 章

如何做领导，下属最有执行力？

蜜蜂以其高超的建筑艺术和和谐的群居生活让人类叹为观止。

在一个蜜蜂的国度里，蜂王是一国的君主，也是唯一的一只母蜜蜂。只有有蜂王，才能繁衍其他的蜜蜂，才能使这个庞大的王国继续生存。蜂王到哪里，其他成千上万的蜜蜂就会跟到哪里。这就是自然界不变的追随现象之一。

"蜂王"原则： 如果你和你的团队成员仅仅是上级和下属的关系，那你可以试着把这种关系改变成领导者和追随者的关系，这就是那些领袖人物拥有深远影响力的秘密。

管理者与领导者的区别

在日常的概念里，管理和领导、管理者和领导者，这些称谓是没有什么区别的。一个管理者常常被称为领导者，一个领导者也常常被称为管理者。可是这些称谓所代表的概念，在管理科学的经典理论里，有着泾渭分明的界定。

（1）管理者是被正式任命的；领导者未必。

（2）管理者的影响力更多来自职权；领导者有不运用职权产生影响力的能力。

（3）所有的管理者都必须扮演领导者的角色；但不是所有的领导者都必须行使管理的其他三个职能：计划、组织、控制。

（4）管理者只拥有下属，而领导者拥有追随者。

领导者的成功 =5% 的战略 +95% 的执行

美国ABB公司董事长巴尼维克曾说过：“一位领导者的成功，5%在战略，95%在执行。”每一个企业的领导人都可以说是战略家，都有很好的想法，但当自己必须亲自处理公司的管理流程时却又大皱眉头，认为这是早已过时的微观化管理，领导者参与微观管理，参与到过程的执行中，并不是要削弱其他人的权力，而是一种更好的积极融合。领导者常常会从更加细小的环节入手，根据自己的理解不断提出新问题，将企业存在的问题公之于众，并最终号召大家一起来解决这个问题。

以罗兰·贝格咨询公司为例，凡与其创始人和总裁罗兰·贝格打过交道的人都知道，他不会忘记任何事情，哪怕是一件小事。他每天都接触大量的各色各样的人物，每一件需要自己和别人做的事情他都会用录音机记下来，让秘书打出并发放给相关人员。他通常每天会发出40至50个给不同人的“内部备忘”。同时，他会在每一份“内部备忘”上标明时间，到了这个时间，秘书就会把这个“内部备忘”重新放在罗兰·贝格的案头。所以，没有任何一个人能够侥幸地让他忘记一件他曾关心过的事情。

罗兰·贝格常常将自己比作一支球队的教练，而教练的主要工作应当是在球场上完成的，他应该通过实际的观察来发现球员的个人特长，只有这样才能为球员找到更好的位置，将自己的经验、智慧和建议传达给自己的球员。

对企业领导者来说，情况都该如此，只有参与到企业运营当中的领导者，才能拥有足以把握全局的视角，并且做出正确的取舍决策。为此，领导者必须亲自执行三个流程：挑选管理团队、制订战略、引导企业运营，并在此过程中落实各项计划。上述工作都是执行的核心，而且无论组织大小，都不应该将其交付给其他任何人。如果一支球队的教练只是在办公室与新球员达成协议，而把所有的训练工作都交给助理，人们可以清楚地预料到会有怎样的后果！”

事实上，当你真正参与到执行的过程中，认识到自己也是一个执行者，甚至是最重要的执行者之一时，你会发现，你需要承担越来越多的角色：

（1）外交家：平衡外界环境，协调与其他组织的关系，争取获得最大的支持和最佳资源；

（2）观察家：了解环境变化和趋势，洞察组织文化、结构、运作、成员的细微变化，形成理念，加以引导；

（3）传教士：宣传组织文化、理念和目标，解释组织的目的，做什么和为什么要做；

（4）调解人：协调不同意见，化解组织冲突；

（5）教师：训练组织成员遵照组织目标、规则，并不断提高其能力、素质，以适应组织需求。

扮演好你的角色

作为执行团队的领军人物，你是最高的执行者。你的执行能力有时甚至关系到执行的成败与否。一方面你需要以身作则，拥有最强的执行素质和能力，另一方面，你需要表现这些执行能力，让你的下属以此为榜样，推动执行有效进行。扮演好你的执行角色，将推动执行团队的高效运行。

1.角色认知能力

你既是高层的下属，又是下属的上级，同时与平行部门又是同级关系，另外还是外部的供应商和客户。因而，你实际上需要经常转换角色，这就很容易出现偏差。所以，角色认知能力在你的执行过程中的作用实现方面起到基础作用。

2.时间管理能力

优秀的领导者和糟糕的领导者的效率可能会相差十倍以上。导致这种差距的重要原因可能是对时间管理的不同。你处于执行的枢纽地位，对时间的管理不仅影响其本身的效率，也会影响你的上级、同级和下属。因而，为扮演好你的执行角色，高效的时间管理是你必备的执行能力。

3.沟通能力

关于沟通存在两个“70%”的说法：第一个说法是执行团队的领导人把70%的时间用于沟通方面，第二个说法是执行70%的问题是由于沟通障碍引起的。这两个说法都说明了一个问题：你必须花大量的时间和精力用于解决执行中的沟通问题。

4.目标管理能力

假设一个执行团队的每一个成员都有自己的想法，而没有共同的目标，那么执行就很难发展。目标管理能力保证你影响其他执行成员，实现大家一条心，共同为执行的目标努力。

5.激励能力

执行中的激励手段一般是由高层提供，如提高薪酬、晋升、显示地位等方式，而你在执行团队中也许并没有这么多权力或者资源为下属提供这些激励，所以，对于你的激励能力就有着更高的要求。

6.绩效评估能力

执行过程中需要你阶段性地对团队成员的工作进行绩效考核，目的是评估成员的工作状态和工作成果，并根据考核的结果进行人事决策，这个考核关系到员工的薪酬调整、职位升迁、任免等各个方面。现代的执行要求你必须和下属保持绩效伙伴的关系，也就是要为下属的工作绩效的提升负责。

7.领导能力

关于领导能力存在这样的误区：有一些团队的领导人员，习惯于通过直接下命令的方式来实现其领导作用。实际上，领导能力是一种影响力，它的最高境界是使下属自觉自愿地为执行的目标去努力工作。这就为你的领导能力提出了挑战。

8.教练技能

在执行的过程中，团队成员70%的能力来源于他的上司，是他的上司在工作当中辅导或教练来的。另外的30%可能才来自于培训和教育活动。这就意味着，如果你不懂得如何去教练、培养、辅导自己的下属，就意味着下属很可能不具备那70%的能力。

实际工作中，很多人都有这样的体会：感到下属能力不够，不敢把工作交给他们。但想一想，你教给下属多少能力，下属的能力是否是在你的辅导下成长和具备的呢，对于执行团队的领军人物来讲，教练能力是一个十分重要的能力。

9.授权

你可能会以为高层对你的授权范围很小，因而无法或没有必要对下属授权。实际上，有调查表明，普通的团队成员对于团队领导者在授权方面的要求比起中层对于高层在授权方面的要求更加强烈。由于执行一般要通过他人来达成执行目标，因而只有对下属进行有效授权，才能调动他们为实现共同目标而努力的积极性。所以，授权对于你来说是非常重要的。

10.团队发展

现在，无论是跨国企业、民营企业，还是国有企业，它们都很注重团队精神和团队建设。实际上，执行发展的关键，30%是可以通过文字形式描述的管理制度，而70%则是靠团队协作完成的。一个团队里，每个成员各有自己的角色，各有自己的长处和短处，成员间的互补能够实现团队的协作功能。中层管理人员必须善于发掘下属的优点，以及在成员间发生冲突时，提出解决的办法。

当你拥有这些优秀的素质和执行能力，并把它们有效地渗透到执行当中，让执行的相关人员真实地感受到这些品质和能力的效果，他们自然会追随学习，与你一起，推动执行的有效进行。

当你是一个高效的执行者时，其他团队成员也必将离此不远了。

你极有可能犯的错

你是执行的领袖，所以在别人身上不算错误的错误，在你这里都可能是致命的。正是因为你是领袖，所以你要时时处处审视自己：因为你拥有更多的资源、更多的赞美和更多的机会，你也可能范更多的错误。

1.自我陶醉的阴云

大多数人愿意接受平易近人的人所提出的“好”想法，而不愿意由那些“唯我独尊”的人来发号施令。

当你炫耀你的才能时，你失去了可信度。你的才能，即使真的存在，也消失在你自我陶醉的阴云里了。此时，人们看不到你的才能，只看到你的狂妄自大。人们关注更多的是你的表演，而不是你的想法好坏。可悲的是，即使你的想法很出色，人们也会因为希望你闭嘴而将它忽略掉。

当你的自我开始高速膨胀时，即使有人发现一个经营问题，你还是会沉浸在自我才华的陶醉里。你会自认为，“我比他们强。他们需要我的专业能力。我会让他们知道我的厉害”。在别人将情况告诉你时（这意味着你没有在听），你会很快予以回应（通常是一通长篇大论），不等他们喘口气，你一下子就单刀直入地插进去，告诉他们你所认为的他们所需要的东西。我们都犯过这种错误（或者经常犯）。当自己滔滔不绝地建议别人该怎么做时，你心中不禁为自己的聪明、正确而暗自得意。你是有才能的，但如果你不对你的天才太过炫耀，你会更有潜力！

当你自以为是地夸夸其谈时，你拿出好的建议了吗？是不是你完全是发号施令般地告诉同事该如何如何做呢？炫耀自我才能的同时，也会伴随着如下的风险。

（1）你可能错了（至少从统计的角度有这种可能性。）；

（2）人们会认为你狂妄自大；

（3）别人可能不同意或者不接受你的看法，这肯定意味着你的失败；

（4）你的团队可能仅仅围绕着你的主意展开讨论，许多其他的想法得不到深入研究的机会；

（5）你待人的方式采取的是对待物的方式，尽管效率高，但是对人却无效；

（6）即使团队成员也发言，但他们只好说你想听的话。

2.拼命寻找认同

当你不断地寻找认同时，你提出想法的根本目的在于：希望别人接受你、喜欢你，让你自己受欢迎，而不是请别人对你的想法进行严格、仔细地审视。当你看到或听到你的想法有些站不住脚，或者你想到一个更好的方法，你会很犹豫是否把它说出来，因为你特别在乎别人对你的看法。如果你真的说出口，你的自我意识就会特别关注你的看法能否被接受：如果看法被接受了，你就会觉得自己被接受了；看法被否定了，你就会觉得自己被否定了。

由于出于自我对认同的追求，你不会说出客观的事实，不会探究失败的原因，不会去呈现你知情的观点，即使在最需要你这样做的时候。

你对人们说出他们想听的话，而不是他们该听的话。基本上，只要你获得认同，你就会随波逐流。这就是好好先生和好好太太声名狼藉的开始。寻找认同的人一般与一只听话的狗或一只训练好的鹦鹉没有多大区别。你也许觉得简单的接受和服从也没有什么不好。在什么地方可能出问题呢？

（1）你盲目追随的想法可能是错的（你仍将受到指责）；

（2）你没有附加任何价值——在思考上的领导能力；

（3）你可能错过许多机会；

（4）勇于共享自己观点的人不会尊重你，需要你意见的人也不会尊重你；

（5）人们会对你有成见。

执行的领导者要求公开和坦诚地交流，以平衡个人思维的缺失，以让同事追随。

最有魅力的执行领袖

要成为一个优秀的执行领导者，首先需要优秀的个人素质和执行能力。但如果你是一个富有个人魅力的执行领袖，那必然为你的执行注入清新持久的活力。

1.与下属交流时开放而坦率

要赢得别人对自己的欢迎和支持，很重要的一点是首先要让别人相信你，这样他们才可能觉得你可以信赖，才能以一种真心交流的态度与你相处并最大限度地支持你的工作。所以，展现你的魅力的第一件事情就是不要对别人保密和隐瞒，应该换以开放而坦率的态度与他们交往，只有这样，他们才会对向自己开放的人开放。

2.要谦恭自律，不要与您交往的人叫劲

有许多领导人员往往会把自己的优势作为向别人炫耀的资本，无论事大事小，总喜欢和员工叫劲，以此达到宣扬自己的目的，其实这是很容易引起员工对自己反感的。因为以后员工再遇到你时，肯定会见到你会象躲瘟疫一样离你而去，这样你就会被众人所弃，更不要说设法得到员工对自己的支持了。

3.回忆他们过去说过的内容

经验是个非常出色的老师。一些员工的谈话比较保守，另一些员工的谈话则比较夸张。这些“记录”会告诉你哪些内容应该相信，哪些内容不必重视。而且记得他们的话，会让他们认为你非常重视他，他在你的心中占有很大的比重，从而提高士气。

4.不要随便地出口伤人

无论你面对什么样的员工，一定要注意自己的言行不能伤害别人。如果你对员工有什么看法或者成见，说话时应该三思而后语，不宜心直口快，语气应该和风细雨，不应该含沙射影。说话之前，应该善于换位思考。体谅他们，必将得到相应的回报。

5.经常倾听下属吐露心曲，真情鼓励

每个人在困境时，总想找一个知心伙伴来倾诉自己心中的烦恼和苦闷，这样痛苦就可以减轻一些；在遇到快乐的时候，把欢乐向自己的朋友诉说，就可以获得更大的欢乐。记住，你也许是员工倾诉隐情的绝好对象，他们把痛苦向你诉说可能会获得意外的解脱，所以你要经常倾听，获得尊重和信任。

6.听员工说话时要聚精会神

注意员工在说什么是使他敞开心扉的最佳做法，但遗憾的是我们有许多年轻的职员在这方面做得很不够，或者是根本就没有注意，他们要么是在别人说话时心不在焉，要么只顾自己的演讲。

7.一定要表现出言行一致

表里如一的人让人觉得更可靠。

8.要用豁达的态度来对待员工

在与员工共相处时，难免会遇到一些不开心的事情。如何对待这些小摩擦，让关系变得更好就成为交往中很重要的一个环节。善于交往的领导人员往往在处理这些不愉快的事情时，总表现出一种豁达的态度，这样员工很容易会发现你的真诚，同时你用自己的态度来证明了自己是一个值得信赖的朋友，相信员工也会用真诚对待您的。

9.喜欢你周围的员工

与他们交朋友，对他们敞开心扉，他们会更加拥戴你。

10.通过热忱与激情表现你的信念

这些情绪相比其他东西来说是反应真诚的更值得信赖的指标，你的热忱与激情对他们是最大的鼓励。

做一个富有人格魅力的领导，不仅让你自己的执行工作得心应手，还可以博得员工的支持和效仿。以身作则是最好的命令。要想执行有效进行，先做一个富有魅力的执行领袖吧。

高层领导的执行力

优秀的领导者不仅自己具有强大的执行力，而且能训练出一批一流的执行人才。杰克·韦尔奇认为："如果我们让员工成长，就鼓励他们的自信心，赋予他们更多的责任，如果我们将他们最好的想法加以利用，那么我们就有了赢得竞争的机会。"此时，领导者就像一个火车头，他把自己与下属的每一次会面看成是一次指导的好机会，把每一件托付给下属的事当作锻炼下属的机会，把下属的每一次进步当作自己的进步。请记住，你的下属就是你的“替身”，他的能耐越强表明你的能耐就越强，表明你的执行力也就越强！

除了对优秀员工进行奖励，领导者的执行力还包括：

（1）启发下属认识到自己角色的重要性；

（2）告诉下属工作的目的是什么；

（3）让下属知道你对他的期望；

（4）及时告诉下属他做得如何。

只有这样你的监督和检查才能顺利进行。

中层领导的执行力

中层管理者就是中层执行者。如果把一个企业比做一个人，老板就是脑袋，要思考企业的方向和战略；中层就是脊梁，要去协助大脑传达和执行命令到四肢——基层。可以说，中层就是老板的“替身”，也就是支持大脑的“脊梁”。

作为中层执行者，一旦周围同仁和领导从你身上感受到了坚定的力量，他们必然会信任你，你的态度必然会影响到他人的态度；反之如果你被畏难情绪所左右，连正常的能力都发挥不出来，那么执行过程的“腰”就软了。同时，中层管理者必须是团队成员和教练，必须能够激励、赞美别人，必须是充电器，而不是耗电器。

因此，一个优秀的中层必须具备以下执行能力：

（1）领悟能力，要先弄清上司希望你做什么，然后以此为目标来把握做事的方向和方法；

（2）指挥能力，工作的分配、协调、临场发挥，指挥的方法与语气，激发斗志和引导前进的能力等；

（3）协调能力；

（4）判断能力；

（5）创新能力等。

一线人员的执行力

一线执行人员是项目经理、完成任务的基层指挥者，同时还包括最基层的操作者。它们是完成任务的人，只要给了他们恰当的制度和合理的激励措施，他们就能成为你的工作的支持者和推动者。

企业通过流程规划它的发展前景，包括战略规划、产品与服务开发，以及新流程的开发等。如果战略流程环节出了差错，那么无论企业的执行力有多强都是无用功，而且执行力越强，可能错得越远。

“蜂王”，执行的焦点

你是整个执行团队的领军人物，更是最重要的执行者之一，你甚至成为了执行的焦点。你本身的素质即执行能力极大地影响着整个执行过程。全美企业经理人协会曾将“执行力”评为经理人必须提高的技能。那么，如何才能提高领导者的“执行力”呢？

下面这四个方面你需要特别注意。

1.进行合理权衡

在把战略转化为具体行动的过程中，有的战略可能会使企业获得很高的利润，但这些战略往往需要追加很多投资。在这种情况下，企业的领导人就必须学会做出必要的权衡。此时，领导者的经验、综合素质就变得尤为重要，他要能够在寻找资源方面显现出超出常人的创造性，从而为企业的未来奠定基础。

2.建立“执行文化”

哈佛商学院教授拉姆·查兰指出：“领导者培养‘执行力’的目的在于为组织提供一个良好的示范，从而使组织形成一种执行文化，进而促使各级管理者的执行水平得到改善。”拉姆·查兰将执行文化分为软件和硬件两个方面。所谓硬件，包括企业的组织结构、激励机制、权力的分配以及企业的内部交流系统。软件则包括价值观、信念以及行为规范。软硬件相结合才能产生具有生命力的执行文化。

在建立企业执行文化的过程中，领导者的示范作用非常大，从某种意义上说，领导者的行为将决定其他人的行为。举例来说，电话会议可以使人们以更加坦诚和现实的方式进行对话，所以，有些领导者使用电话会议，以此作为一种机制促进企业文化变革。在这个过程中，领导者的行为，包括他与各级员工交流的方式，都塑造和强化着公司其他成员的信念和行为。为了将企业改造成为一个执行性的组织，领导者必须亲身实践自己希望的行为，以及最终将这些行为习惯直接渗透到整个组织当中，从而最终将其演变成为该企业文化中的一个重要组成部分。

3.对执行者进行奖励

如果你希望自己的员工能够完成具体的任务，你就要对他们进行相应的奖励。这似乎是毫无疑问的，但许多公司却没有意识到这一点——在这些组织当中，员工们得到的奖励似乎和他们的表现并没有任何关系。无论是从奖金数额还是从股票期权的角度来说，它们都没有在那些完成任务和没有完成任务的员工之间做出明确的区分。

一位优秀的领导者应该能够做到奖罚分明，并把这一精神传达到整个公司当中，否则人们就没有动力来为公司做出更大的贡献，而这样的公司是无法真正建立起一种执行型文化的。你必须确保每个人都清楚地理解这一点：每个人得到的奖励和尊敬都是建立在他们的工作业绩上的。

4.亲自参与到实际的执行中去

你既是执行者，也是执行的领导者，绝对不能以一种若即若离的态度参与执行。当你亲自参与一个项目的时候，员工们可能会认为你有点过于干涉他们的工作，但他们会说："至少老板对我们的工作表示出了足够的关注。他已经在这里呆了四个小时，提出了一连串我们没有考虑到的问题。"优秀的员工总是很喜欢这样的老板。这会让他们感到自己受到了重视，从而产生一种尊重感。而且这也是领导者对员工工作表示欣赏的一种方式，同时也是对他们辛苦工作的一种回报。通过这种方式，你还可以与员工建立一种真正诚实的对话关系。

比如说你与某人进行了一场激烈的争论，虽然彼此都不同意对方的做法，但你们还是最终通过某种方式解决了问题。然后，你可以给他写张纸条，告诉对方，"昨天的讨论非常有意义，我非常喜欢你开诚布公的态度"。这种讨论绝对不会损害你们之间的关系，因为在这种就事论事的讨论中谁赢谁输并不重要，真正的关键是找到正确的解决方案。大家进行了激烈的讨论，并最终找到了解决问题的办法，这本身就是一件好事情。

第 11 章

如何检查监控，下属最有执行力？

扁鹊是中国古代的名医，悬壶济世，千古流传。

一次，当时的诸侯国之一的魏国国君魏文王问名医扁鹊说：“你们家兄弟三人，都精于医术，到底哪一位最好呢？”

扁鹊答说：“长兄最好，中兄次之，我最差。”

文王再问：“那么为什么你最出名呢？”

扁鹊答说：“我长兄治病，是治病于病情发作之前。由于一般人不知道他事先能铲除病因，所以他的名气无法传出去，只有我们家的人才知道。我中兄治病，是治病于病情初起之时。一般人以为他只能治轻微的小病，所以他的名气只及于本乡里。而我扁鹊治病，是治病于病情严重之时。一般人都看到我在经脉上穿针管来放血、在皮肤上敷药等大手术，所以以为我的医术高明，名气因此响遍全国。”

执行中的“扁鹊”法则即是学习这三兄弟的经验。为保证执行的有效进行，控制应该及时跟进，事后控制不如事中控制，事中控制不如事前控制，防患于未然，保证执行能够有效进行。

“扁鹊”法则：执行中需要动态跟进，实时控制执行的效果。

人们只做你检查的事，不做你期望的事

控制就是在执行中追踪考核，确保执行目标达到、计划落实，它是执行的“操舵术”。虽然谈到控制会令人产生不舒服的感觉，

然而执行中有其十分现实的一面，有些事情不及时加以控制，就会给执行造成直接或间接的损失。但是，控制若是操之过急或是控制力度不足，同样会产生反作用：控制过严使下属口服心不服，控制不力则可能使现场的工作纪律也难以维持。要清楚最理想的控制，就是让下属通过目标管理方式实现自我控制。事后控制不如事中控制，事中控制不如事前控制，可惜大多数的事业经营者均未能体会到这一点，等到错误的决策造成了重大的损失才寻求弥补，有时是亡羊补牢，为时已晚。

动态控制是最高领导者执行能力的核心所在，所有善于执行的人都会带着宗教般的热情来跟进自己所制订的计划。控制能够确保人们执行自己的预定任务，而且是按照预定的时间表。它能够暴露出规划和实际行动之间的差距，并迫使人们采取相应的行动来协调整个执行的进展。如果情况发生变化以至于使人们不能按照预定计划开展工作的话，领导者的控制就可以确保执行人员及时得到新的指令，并根据环境的变化采取相应的行动。

郭士纳有句名言："人们只做你检查的事情，不会做你期望的事情。"作为最高执行者，你一定要制订一份清晰的控制计划：执行目标是什么，谁负责这项任务，什么时候完成，通过何种方式完成，需要使用什么资源，下一次项目进度讨论什么时候进行，通过何种方式进行，将有哪些人参加。

不同阶段不同领域，控制有着不同的对象。有面向资源的控制，如人、财、物的控制；有面向活动的控制，如生产作业控制、产品研发控制；还有面向产出的控制，如产品数量的控制、质量的控制。所有这些控制基本的过程是根据计划的要求，设立衡量标准，然后把实际工作与预定标准相比较，确定偏差并评价偏差可接受的程度，在此基础上，采取必要的纠偏措施。所以，控制的基本过程包括了三个环节：确立标准、评估成效和纠正偏差。但无论是怎样的控制，其最终目的是保证执行的效果，即控制绩效。

为了让你的执行有效地进行，为它创造保驾护航的“金丝雀”吧。

控制，执行的“操舵术”

“控制”一词，最初起源于希腊文，意思是“操舵术”。

在执行中，领导者实施控制通常有三个直接的驱动因素。

1.对目标的渴望

在前进的道路上到底做得怎么样了，存在什么问题，如何改进以更快更好地实现目标，需要随时做出评估，实施改进，这些都驱使管理者进行控制。

2.为了消除不确定性带来的威胁

我们周围充满了动荡不稳的各种因素，从组织外到组织内，从物到人，尽管提前作了必要的计划和安排，但是到底能不能实现目标还是一个未知数。而且，计划本身也往往存在问题，可能计划的前提或过程、预测的基础或结论都有偏差，这样就必须在执行过程中对计划做调整，这增强了控制的价值。

3.承担责任引发的压力

无论授权与否，管理者毫无疑问地承担着实施计划的责任。一旦失败，就要承担后果。责任的压力促使管理者更积极地关注实施，使一切都在自己的掌控当中，因为任何人都不甘心把命运交到别人的手里。控制的行为有时候是保守的，有时候是激进的，有时候在维持，有时候又在推动改变。

上述因素体现了领导者对于控制的理性思考，除此之外，执行团队的领导者也要关注那些非理性的因素。有时候控制仅仅被作为一种权力的标志。执行的领导者为了显示自己的力量和地位而进行着控制，这是很危险的。以控制本身作为目的和手段的控制行为，将给领导者自己以及整个执行团队带来灾难性的不良后果。

从上述控制的目的出发，我们就可以看到这一执行智慧的巨大作用和意义。

1.控制有助于组织保持正确的方向

正确的方向是组织的根本。一旦方向确定了，它是否得到了很好的贯彻，经过时间的检验方向本身有没有什么问题，这些都是要依靠控制来发现并且依靠控制来解决。“控制”一词，最初起源于希腊文，意思是“操舵术”。这个词的本意很形象地说明了控制就像是在大海里航行，要不断把握船舵、进行自我调整，以确保正确的航向。

2.控制有助于提高执行的效率

控制要解决的不单纯是做什么的问题，还有怎么做的问题。正确的事情以高效的方法来做是难得的，不正确的事情以高效的方法来做是危险的。控制就是要把效能与效率结合起来进行考察，做出评价，尽最大可能改善组织的业绩。

3.控制增加了组织对环境的适应性

组织的内外部环境都充满了不确定因素。宏观环境因素绝大多数是组织自身无法控制的；中观的产业环境有些因素可以影响，有些因素可以控制，也有一些是无法控制的；组织内部绝大多数因素是可以控制的。实施控制智能的过程，实际上也就是识别这些因素，并且决定自身行动的过程。在超出预料、超出接受程度的变化面前，首先要看变化背后的因素是可控因素、是可影响因素还是不可控因素。根据这个判断，确定新的行动方向和路径。这样就能够保证风险最小化和收益最大化。

一方面，执行团队的高层管理者在下达任务给下属的过程中，由于某种干扰未必能准确传达，同时执行者由于自身理解的偏差也可能造成执行的偏差。高层管理者授权给下属的同时就应该认识到失误是授权的一部分，只有极端完美主义者才奢望下属决不会出半点差错。避免失误最好的办法就是随时监督任务的执行情况，一旦出现偏差及时纠正，避免不必要的损失。

另一方面，在执行的过程中，我们总是能发现新的问题，而这些新的问题可能会影响到执行目标的实现。在监督执行的过程中，可能会发现执行的目标根本无法实现，这种情况下高层管理者可以及时调整执行目标或者选择放弃，避免更多的损失；也许会发现执行可以实现更好的目标，此时高层领导者应该及时改进执行的目标调整各部门的工作，做得更完美。同时，执行团队的高层管理者在监督下属的过程中，应该发现下属的能力，提拔那些能干的下属，及时撤换那些无法完成任务的人。

执行中的“金丝雀”

矿山企业在地下采掘的工作中，常常面临缺氧的威胁，很多不安全事故都因此而发生。20世纪20年代，法国一家采矿场的工人开始在采掘现场喂养几只金丝雀。金丝雀是一种对氧气极其敏感的鸟，它能够比人先一步嗅到空气中缺乏氧气。当这种情况发生时，它们会开始大声地歌唱。工人们一接到这样的“警报”，便会迅速离开矿坑。

在今天的矿山企业中恐怕没有喂养金丝雀的，但是金丝雀的故事却流传甚广。

一家全球性的电信业者在引进一套新的收费系统时，使用“IT金丝雀小组”来侦测错误，因此避免了上百万的损失，以及顾客可能引发的控告。这些“金丝雀”便是掌管资料库的资深专家、专案经理人、顾客经理等等。他们到处“飞来飞去”，了解组织各项活动的品质是否有疑义之处。他们可以在组织内自由来去。他们就像是管理阶层的分身，避免组织内有事情受到延迟而花费更高的代价弥补。他们的任务若执行成功，将可以让组织成员免于士气低落或失去动力。

你要如何在执行中发现或创造出一个“金丝雀”呢？

首先，检查团队成员的记录，根据他们过去的表现，选择能有足够智慧与经验“嗅”得出组织内“缺氧”的成员。

然后，对他们进行训练，让他们了解自己的任务及目标。他们必须非常确定地知道，执行要往哪个方向前进。

最后，授权他们在执行中自由来去，确认出最关键的“树枝”栖息。如果没有对他们授予相当的权力、或未能给予足够有力的地位，将会失去设置此项工作的意愿，也无法为执行带来任何价值。使用这些“金丝雀”能够为组织疏解压力，并且提供安全感。执行团队的领导阶层应该引导他们到比较有疑虑的地方，并鼓励他们将其发现的问题一一提出，同时与原定计划进行比较。

经过这样的方式，这些“金丝雀”将可以多种方式为组织创造执行力。

当他们在执行中到处“飞”时，他们可以针对领导人员进行辅导。因为他们了解执行的跨度较广，可以发掘出一些隐藏在执行中的重要情报。

金丝雀”将使执行团队的成员集中到焦点上工作，并且保持警觉，这一点能够增加执行力。同时他们也确认每个人对执行的贡献，并依此进行不同程度的授权。

“金丝雀”可以提早侦测到公司的潜在危险，并使组织成员避免重复的错误。他们拥有足够的技能，发展追踪活动进度的衡量指标，并且可以协助组织设计出最稳定的路径向前迈进。

“金丝雀”能够将组织的风险维持在可接受的程度之下，并提供安全防护网。他们同时也成为一个缓冲区，让组织免于直接受到外界环境的冲击。

执行中缺少科学的监督考核机制有两种情况：

（1）没人监督。

（2）监督的方法不对。

前者是只要做了，做的好与坏没人管。或者是有些事没有明确规定该哪些人去做，职责不明确，所以无法考核。常见的如执行中的管理真空或者管理重叠问题，导致有事情的时候没人负责，或者多人负责却没有一个人的责任是明确的。

后者是监督或考核的机制不合理。

1997年，美国安然公司为了保证员工不断进步，采用了一套绩效评估程序：对同层次的员工进行横向比较，按绩效将员工分为5个等级，这些级别将决定员工的奖金和命运。但是，事与愿违，这套系统实际上形成了个体重于团队的企业文化。有位老员工说：“原因很简单，如果我和某人是竞争对手的话，我为什么要去帮他呢？”到后来，这种压力拉动型的绩效评估机制也就逐步转化为一种拉帮结派的官僚系统。有些经理开始捏造问题，篡改记录，赶走那些自己看不顺眼的员工。如此一来，公司的衰败也就不可避免了。

控制是系统、是规则，更是做事的方法

在杜邦公司的一次关于老威纳德·马里奥特阅读意见卡习惯的

研讨会上，一位中等规模的卫生健康保健公司的高级经理大声说：“控制不是行政管理，控制不是通过规则来体现的。控制是这个56年阅读意见卡的行为。”

那么什么是控制？规范的控制是什么？不规范的控制是什么？马里奥特公司的一位前任区副总裁——曾经是房地产经理，补充说：“或许这对于你是一个‘不规范的控制’，但却要耗费大量的经历。马里奥特先生的这个习惯意味着，140个物业经理，每年花费15个月的时间，且每天工作28小时，才能使马里奥特老人的阅读负担有所减轻！”

正如我们所熟知的，杜邦公司要求公司各部门以及分公司的事故报告要在事故发生后24小时内送到特拉华州威尔明顿的公司总部董事长的办公桌上。

控制其实就是指某人密切关注他感兴趣、在意的事。真正有效的控制来自于那些与公司的愿景直接相关的少数简单规则（或措施）。马里奥特爵士先生阅读意见卡活动是与他以及马里奥特酒店的小马里奥特的愿景完全相关的，那就是为客户提供最好的服务。

控制并不需要一套复杂的系统和设备，即便你的确认为有必要将一些东西“规则化”，那你也没有必要将其制成175页的手册，实际上，你根本就不需要“下令”做任何事情。惠普公司以及IBM用最佳实践这一方法就几乎可以使公司运营的各个方面在他们那里根本没有什么规则手册。相反惠普公司为所有人——接待员、设计师以及一线生产制造人员找到了最好的做事方法。他们将这些来自各个部门的最佳实践做法集中起来变纂成“故事书”，这些故事书中的主人公就是公司中和你我一样的普通人。

战略性原则

控制不是万能的，不可能对组织内部的每件事情都进行控制，必须把控制的焦点集中在组织活动中最重要的、最有战略意义的一些工作上。对于日常反复重复的工作，可以在制订了科学合理的操作程序后，少放一点精力。

1.适度性的原则

控制不是越多越好，也不是越严越好。要把握好度，就是控制好控制的范围、频次和程度。控制过多会降低下属的满意度，影响士气，控制过少则会带来混乱。要依据上文提到的影响因素综合考虑组织的控制的度的问题。

2.经济性原则

控制活动和所有的企业活动一样也要考虑投入产出，要努力寻求较少的投入取得最佳效果的控制方式。假如纠正偏差的成本超过了偏差本身带来的损失，那么整个的控制工作就失去了意义。

3.灵活性原则

控制工作要保持适应性，随时根据企业内外部条件的变化，调整控制的方针、方法和标准。整个控制体系要能够随环境的改变而实现动态更新。

4.全面性原则

评价的渠道要比较全面，评价的指标也要尽量做到全面、客观，不能片面地强调个别指标。控制点太单一会引起员工的片面性认识，妨碍组织的综合发展。

控制关键绩效领域

不同阶段、不同领域，控制有着不同的对象。

（1）面向资源的控制，如人、财、物的控制；

（2）面向活动的控制，如生产作业控制、产品研发控制；

（3）面向产出的控制，如产品数量的控制、质量的控制。

所有这些控制的对象和焦点虽然有所不同，但控制活动的基本的过程是相同的：根据计划的要求，设立衡量标准，然后把实际工作与预定标准相比较，确定偏差并评价偏差可接受的程度，在此基础上，采取必要的纠偏措施。所以，控制的基本过程包括了三个环节：

第一步：确立标准。

第二步：评估成效。

第三步：纠正偏差。

在控制的手段方面，一般可以分为两类。

（1）正式控制手段。如计划指标、规章制度与行为规范，通过建立可行的评价标准加以控制。

（2）非正式控制手段。如通过职业道德的教育、不断的人际沟通、企业文化的感染以及非正式组织的凝聚等方式加以控制。

正如管理学家罗特利斯伯格所说："在任何一个大企业组织中，至少存在着两种对个人进行评价的评价系统。在一个系统中，个人将受到按照与其成绩和绩效有关的某些可测度的抽象概念和标准方面的评价；而在另一个系统中，他将受到以某种为社会所接受的规定和准则为依据的评价。前一种评价将表明他在管理者心目中的地位；第二种评价将说明他在其同事心目中的位置。对一个人的这种不同的评价可能是不相一致的。”这两种评价体系尽管有时是矛盾的，但管理者可以通过非正式手段加以协调，使之成为实施控制的两个有利工具。

无论是怎样的控制，无论控制的手段如何，其最终目的都是要保证执行的效果，即控制绩效。

以下是美国通用电器公司在控制关键绩效领域的选择。通用电器公司在分析影响和反映企业绩效的众多因素的基础上，选择了对企业经营成败起决定作用的7个方面，并为它们建立了相应的控制标准。这7个方面分别陈述如下。

1.获利能力

通过提供某种商品或服务取得一定的利润，这是任何企业从事经营的直接动因之一，也是衡量企业经营成功的综合标志。通常可用与销售额或资金占用量相比较的利润率来表示。它们反映了企业对某段时期内投资应获利润的要求。利润率实现情况与计划的偏离，反映了生产成本的变动或资源利用效率的变化，从而为企业采取改进方法指出了方向。

2.市场地位

市场地位是指企业产品在市场上占有份额的要求。这是反映企业相对于其他厂家的经营实力和竞争能力的一个重要标志。如果企业占领的市场份额下降，那么意味着由于价格、质量或服务等某个方面的原因，企业产品相对于竞争对手产品来说其吸引力降低了，因此，应采取相应的措施。

3.生产率

生产率标准可用来衡量企业各种起源的利用效果，通常用单位资源所能生产或提供的产品数量来表示。其中，最重要的是劳动生产率标准。企业其他资源的充分利用在很大程度上取决于劳动生产率的提高。

4.产品领导地位

产品领导地位通常指产品的技术先进水平和功能完善程度。通用电器公司是这样定义产品领导地位的：它表明企业在工程、制造和市场方面领导一个行业的新产品和改良现有产品的能力。为了维持企业产品的领导地位，必须定期评估企业产品在质量、成本方面的状况及其在市场上受欢迎的程度。如果达不到标准，就要采取相应的改善措施。

5.人员发展

企业的长期发展在很大程度上依赖于人员素质的提高。为此，需要测定企业目前的活动以及未来的发展对职工的技术、文化素质的要求，并与它们目前的实际能力相比较，以确定如何为提高人员素质采取必要的教育和培训措施。要通过人员发展规划的制订和实施，为企业及时供应足够的经过培训的人员，为员工提供成长和发展的机会。

6.员工态度

员工的工作态度对企业目前和未来的经营成就有着非常重要的影响。测定员工态度的标准是多方面的。比如，可以通过分析离职率、缺勤率来判断员工对企业的忠诚，也可以通过统计改进作业方法或管理方法的合理化建议的数量来了解员工对企业的关心程度，还可以通过对定期调查的评价分析来测定员工态度的变化。如果发现员工态度不符合企业的预期，那么任其恶化是非常危险的，企业应采取有效的措施来提高他们在工作或生活中的满足程度，以改变他们的态度。

7.公共责任

企业的存在和延续是以社会的承认为前提的，而要争取社会的承认，企业必须履行必要的社会责任，包括提供稳定的就业机会、参加公益事业等多方面。公共责任能否很好地履行关系到企业的社会形象。企业应根据有关部门对公共态度的调查，了解企业的实际社会形象同预期的差异，改善对外政策，提高公众对企业的满意程度。

为什么控制会失效？

经过长达15年的精心准备，耗资超过15亿美元的哈勃太空望远镜最后终于在1990年4月发射升空，但由于中心过于平坦，导致成像过于模糊，因而望远镜对遥远的形体无法像预期的那样清晰地聚焦，结果造成一半以上的实验和许多观察项目无法进行。更让人觉得可悲的是，如果有一点更好的控制，这些是完全可以避免的。

镜片的生产商珀金斯-埃尔默公司，使用了有缺陷的光学模板来生产如此精密的镜片。具体原因是，在镜片生产过程中，进行试验的一种无反射校正装置没有设置好。校正装置上的1.3毫米的误差导致镜片研磨、抛光成了错误的形状。但是没有人发现这个错误。具有讽刺意味的是，与其他许多大型项目所不同的是，这一次并没有时间上的压力，而是有足够充分的时间来发现望远镜上的错误。实际上，镜片的初磨在1978年就开始了，直到1981年才抛光完毕，此后，由于“挑战者号”航天飞机的失事，完工后的望远镜又在地上呆了两年。美国国家航天管理局中负责哈勃项目的官员，对望远镜制造过程中的细节根本就不关心。事后，航天管理局中一个由6个人组成的调查委员会的负责人说：“至少有三次有明显的证据说明问题的存在，但这三次机会都失去了。”

撰写了世界上最畅销管理学教材的斯蒂芬·罗宾斯教授这样描述：“尽管计划可以制订出来，组织结构可以调整得非常有效，员工的积极性也可以调动起来，但是这仍然不能保证所有的行动都按照计划执行，不能保证管理者追求的目标一定能达到。”其根本原因在于管理职能中的最后一个环节，即控制。那么，到底是什么因素在影响着控制的力度和效果呢？让我们就从哈勃望远镜开始来分析一下：

（1）磨制的技术工艺本身存在漏洞；

（2）缺乏一个控制流程以发现问题；

（3）交付的时候没有按照必要的标准进行验收；

（4）望远镜的使用者本身对制作懂得不多；

（5）缺乏更先进的技术和更好的设备；

（6）在质量控制上各方面都没有更大规模的投入；

（7）有关各方面的责任不清，质量职责没有落实；

（8）工厂缺乏制作哈勃这种大型望远镜的经验，自身的质量观念强；

（9）有关人员缺乏必要的知识和技能，在问题面前无动于衷；

（10）个别环节存在官僚主义。

以上这些因素的存在影响了对哈勃质量的有效控制，最终导致了问题的发生。

对哈勃太空望远镜的分析具有一定的代表性和普遍性。一般说来，影响控制的主要因素是以下几类。

1.环境因素

环境因素，包括宏观的大环境，政治、经济、社会、技术等。宏观的大环境是个别组织无法影响的，这个环境决定了控制的基本范围，任何组织都不可能超越现实的社会发展阶段去实施更好的控制，比如在缺乏发达媒体的前提下，舆论的控制作用就比较有限。环境的因素还包括产业环境，这是一个中观的环境，主要的影响因素是竞争者、市场需求、产业链的上游下游、利益相关者、最终的客户等。

2.结构因素

结构因素，这是组织内部的影响因素，主要包括“硬“的结构——资源、技术、工艺 和组织部门；“软”的结构——制度、标准、方法、流程。结构越是不稳定，越是需要加强控制。

3.文化因素

文化因素，主要是行为的核心理念、企业的价值观和做事情的风格。一个缺乏支持性文化的企业容易出现流程衔接上的断档而引发控制危机；一个官僚主义的企业容易出现效率低下、承诺延迟而引发控制危机；一个权力斗争激烈的企业容易多头领导引发控制危机。

4.个人因素

个人因素，主要是组织成员的技能和态度。技能成熟的员工，完全能够正确理解计划和目标并且能够很好地开展工作，而技能低的员工在理解方面和行为能力方面都存在问题。所以，对技能低的就需要加强控制，技能高的可以考虑对其进行授权，减少控制。态度是一个人固有的观点和看法，态度混合了理智与感情的多种因素，一般都是过去经历的产物。态度积极、技能较强的成员，就不必过多控制。

第 12 章

如何精细化管理，下属最有执行力？

上海的地铁一号线是由德国人设计的，看上去并没有什么特别的地方，直到中国人自己设计的二号线投入运营才知道其中有那么多的细节被二号线忽略了。结果二号线运营成本远远高于一号线，似乎至今仍未实现收支平衡。现将我所知的二号线忽略的细节罗列于下，给大家一个参考。

1.三级台阶

地铁一号线的每一个室外出口都不是和地面齐平的，要进入地铁口，必须要踏上三级台阶，然后再往下进入地铁站。不要小看这三级台阶，在下雨天它可以阻挡雨水倒灌，从而减轻地铁的防洪压力。事实上一号线内的那些防汛设施几乎从来没有动用过，与之相较地铁二号线曾发生过雨天被淹的惨剧。

2.转弯

地铁一号线的每一个出口都会转一个弯，不会直接通到室外，而二号线显然没有注意到这一点。这一个转弯大大减少了地铁站台和外部的热量交换，从而减轻了空调的压力，使得一号线的电费大大小于二号线。

3.地面装饰线

一号线的站台最外边采用金属装饰，里面又用黑色大理石嵌了一条边，在里面铺设同一色彩地砖。这样的装饰，给予乘客心理上暗示，从而使所有的人都会下意识地站在地砖所在的范围内，和地铁保持了大约50厘米的距离，保证了乘客的安全。而二号线地面全部用同色的地砖铺成，稍不注意就会过于靠近轨道，使得地铁公司不得不安排专门的人员来提醒乘客。

4.站台宽度

一号线的站台比较宽，上下车比较方便，而二号线的站台比较窄，尤其其一二层之间的楼梯比较窄。在高峰时间，显得非常拥挤。较窄的站台，也使乘客无法看清楚对面的本站站牌，容易坐过站。这使得二号线重新装饰了所有的柱子，使每一个站台的柱子都不相同，以方便乘客辨认。但同时二号线也丧失了在柱子上做广告的收入。

5.小缺口

地铁一号线，在设计的时候留有站台门，地铁到达的时候，地铁门和站台门会对准，同时打开。没有地铁的时候站台门关闭。这进一步保存了站台的热量，节省电费。同时也保证了旅客的安全，使得旅客根本不可能跳下站台。然而在实际运营的时候，并没有安装站台门，但仍然可以在站台上看到门的导轨，导轨在每一个正对门的地方都留有一个缺口。

6.其他

地铁一号线每一个站台的楼梯、柱子的位置基本上是相同的，这大大减少了设计时候的绘图费用。从德国进口的车子的照明程度得到了精确的测量，当车厢壁上没有悬挂任何东西的时候，其亮度是相当舒适的。而目前由于大量张贴了广告，使得车厢内的照明偏暗。

小小一个地铁就有如此多的细节需要掌握，那么学习和引入一种制度呢？又有多少细节需要掌握，又有多少人真正努力去研究和思考这些细节呢？

“细节”法则：细节是魔鬼，决定执行成败，把握细节，决定成败。

细节决定成败

天下难事，必做于易；天下大事，必做于细。想取得执行的成功，必须从简单的事情做起，从细微之处入手。精细化执行时代已经到来，“泰山不拒细壤，故能成其高；江海不择细流，故能就其深。”我们不缺少雄韬伟略的战略家，缺少的是精益求精的执行者；决不缺少各类管理规章制度，缺少的是规章条款不折不扣的执行。执行必须改变心浮气躁、浅尝辄止的毛病，提倡注重细节、把小事做细。“魔鬼存在于细节中”，任何一个战略决策和规章法案，都要想到细节，重视细节。任何对细节的忽视，都可能导致执行的最终失败。

麦当劳总裁弗雷德·特纳就曾说过：“我们的成功表明，我们的竞争者的管理层对下属的介入未能介入下去，他们缺乏对细节的深层关注。”那些优秀的企业之所以能够取得成功，很大程度上就在于对细节的重视。

细节，决定执行的成败。

平淡的细节创造了伟大

很多大的企业在叱咤风云几年之后，便轰然倒塌，灰飞烟灭了。而另外的一些优秀的企业却能岿然不动，至今仍葆青春。这其中的奥秘令人感到匪夷所思。

中国曾有“一将功成万骨枯”的古训，现代社会人们也认为：产生英雄的时代是一个悲剧时代。因为通往英雄的路是用千百万士兵和民众的血为他们铺就的。在执行中，最需要的不是英雄。运营良好的企业历来主张从神经末稍看执行，从精细的执行中获得利润，尤其是在市场发展比较充分、利润空间逐渐缩小的情况下，更是如此。

企业要获得利润，主要依靠精益求精的细节管理，只有“举轻若重”，做好每一个细节，方能达到“举重若轻”的境界。德鲁克在《卓有成效的管理者》一书中说：“管理好的企业，总是单调无味，没有任何激动人心的事件。那是因为凡是可能发生的危机早已被预见，并已将它们转化为例行作业了。”

海尔董事局主席张瑞敏借用这句话来阐述海尔OEC模式的核心思想。他说：“没有激动人心的事发生，就说明企业运行过程中时时处于正常，而这只有通过每天、每个瞬间的严格控制才可能做到。”

沃尔玛的创始人山姆·沃尔顿，1918年出生于俄克拉荷马的金菲舍镇，是一个土生土长的乡下人。60多年前，山姆在一个美国小镇上的一家连锁商店里开始了他的第一份工作，十几年后他开设了自己的商店。从一个十足的新手起步，他学习生意经、擦地板、写发票、记账、装饰橱窗、称糖果、管理收银机、装潢店堂、安置设备、搬运货物、长途开车，并且一直坚持到生命的最后。经过40余年的经营，他成就了自己的商业帝国。从山姆的自传《美国制造》中我们会看到，一个人的一个简单想法，是如何发展成一个可以触摸的商业帝国的故事。其中没有恢弘的战略，没有迭宕起伏的传奇，却有着一个不甘平凡的人具有的旺盛的创业精神，做简单的事，进货卖货，始终如一。山姆·沃尔顿的工作时间，90%以上是用在乘飞机巡视分店、与员工和客户交谈、阅读财务报表、召开星期六例会讨论一个一个分店的具体运营情况，等等。现在沃尔玛公司的高层经理，每个星期都要拿出两三天的时间去巡视分店，解决具体问题。沃尔玛就在这样平凡的努力中，成就了商业帝国。

像沃尔玛一样，很多国际知名企业就是在日积月累的精细努力中，最大化地实现企业的价值，最终成就了自己的事业。在平淡中创造了伟大，用细节铸就了成功，正所谓“大象无形”。

用细节铸造差别化

企业经营的全球性难题在市场竞争日趋激烈的今天，企业间产品或服务日趋同质化，大的方面看不出什么差别，差别就体现在细节上。“窥斑见豹”，细节成为产品或服务质量的最有力的表现形式。关注细节、完善细节往往体现了厂家或商家真诚地为顾客着想的拳拳之忱。人们有理由充分相信，一个真心实意地在细节上下功夫的企业，其产品或服务的品质一定非常优秀。所以，企业只有细致入微地审视自己的产品或服务，注重细节，精益求精，才能让产品或服务日臻完美，在竞争中取胜。

在稍微高档些的饭店就餐时，每位客人都会有一条餐巾，但通常情况下，餐巾掖在胸前卡不住，放在腿上又不知不觉会掉在地上，起不到保护衣服的作用，因而很多人只好将餐巾放在桌子上，用餐具压住，或者干脆不用餐巾，甚或放在屁股下垫座。有鉴于此，青岛东来顺餐厅特意在每块餐巾的一个角上挖了个锁边的长孔，夏天可以别在T恤或衬衫的扣子上，冬天可以别在外衣的扣子上，并根据季节的不同，扣眼的大小也有区别，非常适用，方便了食客。餐巾上的小小扣眼，让人们从中领略到餐厅无微不至的优质服务，生意兴隆自在情理中。当然，按照发展的观点，“没有最好，只有更好”，需要完善的细节会层出不穷，根本没有止境；产品或服务也正是在这种无止境的追求中不断得到发展和提高的。

企业和企业之间在产品、技术、成本、设备、工艺等方面的同质化越来越强，差异性越来越小，在某种层面上而言，市场竞争越来越表现为细节上的竞争。无论是诺基亚的“以人为本”，还是全球通的“沟通从心开始”，其成功之处都在于细节上的周密，细到微笑服务的规范程度，细到预约时间上尽量提供方便，细到递名片的统一标准。面对激烈的市场竞争，各大厂商纷纷高举“服务”大旗以赢取顾客的心。春兰的“大服务”概念，海尔的“星级服务”“个性化零距离服务”，荣士达的“红地毯服务”，每个有关服务的营销计划都显得非常诱人。应该说，近年来企业对服务的重视程度有增无减，大多数企业的服务观念也在快速的进步。在服务系统的构造上，许多企业也早已有了完整的服务机构，对于服务所花费的精力和资金投入在逐步上升。

服务不会是任何企业的长久优势，同样也会面临同质化。以家电企业为例，你承诺保修一年，我就承诺三年；你保证24小时送货上门，我就承诺12小时。大酒店烟缸中的烟蒂不超过3颗，大堂柜台的糖缸中的糖果不能少于一半，微笑露出8颗牙齿，鞠躬前倾45度：这些都成了服务标准，有了标准，自然就同质化了。如何构建服务优势，已经成为企业最关心的话题之一。

在标准大行其道的时代，在执行细节上创造出自己独特的差异化，将确保在激烈的竞争中拥有自己的竞争优势。

100% 的执行从 1% 的细节开始

这是一个细节制胜的时代。国际名牌POLO皮包凭着“一英寸之间一定缝满八针”的细致规格，20多年立于不败之地；德国西门子2118手机靠着附加一个小小的F4彩壳而使自己也像F4一样成了万人迷……而类似的以细节取胜的经营之法也逐渐地涌入我们的视野，例如：饭馆在餐厅里准备了若干“baby椅”，专供儿童使用；客人吃完螃蟹后滚烫的姜茶便端送到手；商场在晚上关门前会放送诸如《回家》之类的音乐，让客人在萨克斯的情调中把轻松带回家……

想想微软公司为什么要投入几十亿美元来改进开发每一个新版本？就是要确保多方面细节上的优势，不给竞争者以可乘之机。只要能保证产品在一比一的竞争中能够获胜，那么整个市场绝对优势就形成了，因而对于细节的改进是非常合算的。

产品和服务微小的细节差异有时会放大到整个市场上变成巨大的占有率差别。一个公司在产品或服务上有某种细节上的改进，也许只给用户增加了1%的方便，然而在市场占有的比例上，这1%的细节会引出几倍的市场差别。原因很简单，当用户对两个产品做比较之时，相同的功能都被抵消了，对决策起作用的就是那1%的细节。对于用户的购买选择来讲，是1%的细节优势决定那100%的购买行为。这样，微小的细节差距往往是市场占有率的决定因素。日本SONY与JVC在进行录相带标准大战时，双方技术不相上下，SONY推出的录相机还要早些；两者的差别仅仅是JVC一盘带是2小时，SONY一盘带是1小时，其影响是看一部电影经常需要换一次带。仅此小小的不便就导致SONY的录相带全部被淘汰。

为了让你的企业在执行细节上处于不败之地，你需要特别注意以下几点。

1.细节营销

在产品日趋同质化的今天，赢得市场占有率，归根结底是博得人心占有率。消费者与产品的关系犹如男女谈恋爱——最初的认识是通过媒体等公众媒介（而更多的是直接在终端见面），及至到了终端才可能确定是否订下终身还是继续观察，而促销的作用是“沟通”以期“婚姻缔结”。此时，一个眼神，一个细心的举动都在“消费者”的眼中。打动芳心，才可能令其心甘情愿掏荷包。营销推广日趋同质化，使得营销手段，尤其是促销环节，形式内容越来越接近，因而促销细节的较量显得更为重要。而事实上，许多企业虽然看中促销，甚至“视其为宝”。但在执行时，却曲解策划初衷，不善于处理活动细节，令现场消费者厌烦，视其为视觉、听觉的污染。相反，一些知名品牌如雀巢、百事在做促销活动时，十分注重细节的处理如现场的布置、POP的摆放、礼品赠送、促销人员的现场售卖说辞等无不统一规范，不但可以达到预期效果，还使消费者对品牌有了亲身感受。任何产品营销推广的过程都是由无数个营销细节构成，每一个细节实际就是每一个目标。在商战中，忽略每一个细节，意味对整体的放弃。

2.细节创新

企业持续发展需要不断创新。何谓创新？大的、全的、高科技的就是创新吗？海尔集团总裁张瑞敏在谈到创新时，却说：“创新不等于高新，创新存在于企业的每一个细节之中。”事实上，海尔集团在细节上创新的案例可谓数不胜数，仅公司内单以员工命名的小发明和小创造每年就有几十项之多，如“云燕镜子”“晓玲扳手”“启明焊枪”“秀凤冲头”等。企业不断推出新产品，使企业可以持续发展。新产品，新的含义是推出具有新功能、新技术的产品，更多时候，企业应该不断地在旧产品基础上改进，在细节上不断磨练，使产品更贴近消费者，更人性化、更有人情味，所谓“于细微处见精神”。

3.细节成就品牌

品牌不但承载了企业的文化，也包含着企业对消费者的各种承诺。今天，企业通过媒介来传播本企业的产品、品牌与消费者进行沟通。而现实中，消费者却往往无法感受到宣传中的“承诺”，这源于企业缺少对消费者细节的体贴，造成消费者心理上的无法满足。可以这样做个比喻：管理是树，品牌是挂在树上的果子，细节是大树的枝叶。放弃细节就等于大树放弃了树叶，大树不但不能参天入云，也结不出美丽真实的果实——品牌。海尔人创出了誉满全球、闻名世界的国际品牌，其“五星级服务”更是家喻户晓、深入人心——在细节的体贴上无微不至：要求每一个上门维修的人员，从进门那一刻起，注意为用户服务的每一个细节，如进门即套上一次性鞋套，自带水不随意喝水索要东西，随身携带抹布搞好清洁，事毕搞好地面清洁工作……

如果说执行的一般法则是科学，那么对细节的处理就是艺术，企业处理细节的能力就形成企业执行的能力的核心。

大处着眼，小处着手

当初中国从日本进口缝衣针的时候，好多人都感惊诧：一个针还要买日本人的？看到了日本针才发现，我们常用的针是圆孔，而日本的针是长条孔，这是为照顾老人们眼花而设计的。上海市曾规定内环高架桥不允许1吨以上的小货车上桥，政令颁布一个月以后，0.9吨的日本小货车就在上海接受订单了。

这些都说明了日本的企业十分注重细节。在实际操作中，要做到这些是不容易的，因为只有生产部、物料部、采购部、研发部、制造部通力协作，才能将这件事做好。但是如果你在决策和设计的过程中，根本就没有考虑过，恐怕你连操作的余地都没有了。

众所周知，通用电气公司前总裁韦尔奇是企业管理界的大师，被誉为“世界经理人的经理人”。那年，在得知他正着手写一本商业管理著作时，书名尚未确定，即被时代华纳下属的“时代华纳贸易出版公司”以710万美元的天价买下了该书在北美的发行权。几乎可以断定，多数读了这本部书以及了解这位传奇式英雄的人，认为他在管理学基础理论上并无振聋发聩的东西。人们津津乐道的是他作为GE公司总裁在长达20年的管理实践中所体现的一些管理细节，包括：手写“便条”并亲自封好后给基层经理人甚至普通员工；能叫出1 000多位通用电气管理人员的名字；亲自接见所有申请担任通用电气500个高级职位的人员……

在世界最令人钦佩的大公司中，很少有哪家公司的老板能做到这样。正是这些一个又一个的细节，造就了这位管理大师的管理艺术。

细节造就完美。世上不可能有真正的完美，但无论企业也好，人也好都应该有一个追求完美的心态，并将其做为生活习惯。目前，很多企业虽然有远大的目标，但在具体实施时，由于缺乏对完美的执着追求，事事以为“差不多”便可，结果是：由于执行的偏差，导致许多“差不多的计划”到最后一个环节已经变得面目全非。

企业经常面对的都是看似琐碎、简单的事情，却最容易忽略，最容易错漏百出。其实，无论企业也好，个人也好，无论有怎样辉煌的目标，但如果在每一个环节连接上，每一个细节处理上不能够到位，都会被搁浅，而导致最终的失败。“大处着眼，小处着手”，与魔鬼在细节上较量，才能达到管理的最高境界。

第 13 章

如何培育价值观，下属最有执行力？

接到A公司王总的电话之后，凡禹犹豫了很久。王总是凡禹的好友，自然不便推托。但A公司的现状确实很棘手，组织结构、管理制度、人力资源、市场营销……问题一大堆，该如何入手呢？

因为与A公司接触过几次，对公司的情况有一定的了解，凡禹知道公司决策层的做法竟是邓小平改革之初说过的一句话："摸着石头过河。"就是老总摸石头，员工们也摸石头，手忙脚乱却摸不着石头。所以，凡禹提议必须首先改变操作层面上的混乱状态。

凡禹拿出一副扑克牌（牌面上有各种漂亮的图案），把在场的公司员工分成两组，请A组的每个人从中选取自认为最好看的两张；请B组的每个人选取两张黑桃，并对点数作了明确的要求。最后，请两组人员把牌亮出来。于是出现了下面的结果：

A组：黑桃2、方块A、黑桃8、梅花Q、红桃3……

B组：黑桃A、黑桃K、黑桃Q、黑桃J、黑桃10……

"发现问题了吗？"凡禹问王总。

王总仍然迷惑不解，要凡禹解释。

凡禹说："两组的结果是完全不同的，A组是一副杂牌，B组却是一手黑桃同花顺。为什么会这样呢？这是因为，对于A组我没有明确的指令，所以A组的人都是按照各自不同的审美观念来选牌。我们不必评判他们的选择孰优孰劣，但很显然，他们每个人的做法都是一种个人行为。个人行为与个人行为混合在一起叫什么？ 叫'乌合之众'。再看看B组，清一色的同花顺，这才是组织行为。"

这时，凡禹注意到王总轻轻"喔"了一声。

凡禹继续说道："你能拿一副杂牌去打败对手的同花顺吗？当

然不能。所谓‘世有三亡’，以邪攻正者亡，以逆攻顺者亡，以乱攻治者亡。如果公司的管理现状不及时改变的话，恕我直言，恐怕会印证‘以乱攻治者亡’这句哲言。”

“同花顺”法则：目标导向一元化，有组织的聚焦力量，以治攻乱。

统一领导，统一指挥

以乱攻治者亡。一个执行团队只有在统一信念的激励、统一策略的指导和统一制度的约束下，才能朝着同一个目标前进，才不会出现人为的内耗和矛盾，才能聚焦力量，有效执行。如果出现“多头”，无论这里的“头”是理念上的还是制度上的，都将造成内部力量的分裂，无形中严重削弱了团队的力量，给执行造成人为的障碍，阻碍执行高效进行。

执行的理念是执行的精神，关键的理念如果不能达成共识，必然严重分散团队的力量，不仅造成无必要的内耗，还可能引起很多的争端和矛盾，给执行造成巨大的障碍。关键理念的“一元化”，是团队有序的关键。

策略是战略的细化和具体措施，它直接联系着执行本身。策略贯穿执行的始终和整体团队，在横向和纵向决定着执行的命运。如果策略在制订时没有达成共识，或者在传达时出现分歧，必将严重影响资源的调配和团队的协同合作，阻碍执行的有效进行。因此，保证策略及其传达的“一元化”，是有效执行的又一重要因素。

执行的同花顺在于理念、策略及制度等的“一元化”导向，只有这样，才能聚焦执行的力量，推动执行的有效进行。

关键理念"一元化"

团队在执行组织目标的过程中，如果关键的理念不能达成共识，必然严重分散团队的力量，不仅造成无必要的内耗，还可能引起很多的争端和矛盾，给执行造成巨大的障碍。关键理念的"一元化"，是团队有序的关键。

研究表明，在成功的组织文化气氛浓的组织中包含三方面的内容：

（1）高业绩标准；

（2）一种关心别人的态度；

（3）一种独特的、自豪的意识。

这三个方面共同作用形成一个整体的理念，使大家共同关心、迈向辉煌。

但如何才能做到这一切呢？

开始的时候，请大家写下这个团队（部门、单位、公司）所信奉的理念。在讨论中，最好把有关的客户、提供商甚至是股东包括进来，人多多益善。然后进行调查，找出它们的理想，再在整个团队中分享这些发现，看看大家对此是否存在一致的认识。要明确哪些理念至关重要，哪些不重要。针对不同的理念设想一些情况，问问人们在这种情况下采取什么行动。然后回过头来将这些行动与理念联系起来，找出组织或团队最近采取的某项决策，用共同的理念对其进行分析。

美国全国橄榄球联盟每周一上午都要做类似分析，包括这样一个场景：如果是你，你会怎么做？这样强化了大家对理念的理解，让大家了解该如何行动，也可以保证这些理念在不同的情形下会保持一致。

“你会怎么做”是另外一个问题，它直指理念的根源。“为什么”，的确，“为什么”是个很重要的问题。苏格拉底常问“为什么”，这个问题是唯一一位能有效提高思维功能的老师。领导者激起追随者之间也应该这样问。当人们了解到不仅自己存在某种认识，别人也有而且整个组织支持并相信这种理念，这样更容易让人认同这种理念。另外，说明某个理念的合理性有助于让大家记住这个理念，并且合理地把它应用到新的不同的环境中，使理念的解释和执行保持一致。

要不断使解释与执行保持一致，要明白，即使是再好的主意也会随着时间的流逝而变得陈旧，对组织的任何正式的理念一定要经常检查，不论是什么理念，都要让大家知道每两年你就会对它进行重新思考，或改变或重新确认这个理念。

总而言之，自从形成共同的理念那时起，很可能有许多人已经离开了，有些新来的人会感到没有包括进组织的历史中。有些理念过时了，有些已经改变了，重新审视这些理念，确定它们的相对重要性，这个过程不仅能加强团队的统一，也可以强化人们对共同理念的认同。

策略及传达“一元化”

策略是战略的细化和具体措施，它直接联系着执行本身。策略贯穿执行的始终和整体团队，在横向和纵向决定着执行的命运。如果策略在制订时没有达成共识，或者在传达时出现分歧，必将严重影响资源的调配和团队的协同合作，阻碍执行的有效进行。因此，保证策略及其传达的“一元化”，是有效执行的又一重要因素。

经常遇到许多公司在开营销工作会议时，常常将业务部和市场部或其他部门分开。其结果就如众多业务部门说的那样，市场部门拿出来的东西根本不适合业务部门使用，策划的一些案例毫无执行力，宣传与市场实际脱轨，浪费企业资源，而领导人一时却又分辨不出孰对孰错。这也就是没有注意策略传达的“一元化”原因所造成的。

所谓策略的传达的“一元化”不是指上级部门领导向下级部门领导单方向传达，而是应让策略执行总负责人和分负责人都知道、都负责。

单方向的传达不仅不能充分发挥员工的工作创造性，而且还影响员工工作的积极性。现在的执行力组织是建立是相互沟通的基础上的，并非是一种绝对服从的执行力组织。有效的相互沟通，能让员工根据自己的能力，发挥自己的优势做成他应该做成的事。不会形成无劳的返工现象，有效地利用了资源。

“一元化”它还包括总负责的一个中心的一体化。部门领导者不是将工作分摊下去，就没事了，要形成以总负责人为中心的工作模式，考虑环境，将各项工作摆在适当位置，而不是自己全无计划，只按上级指示来一件做一件，形成很多的“中心工作”和凌乱无秩序的状态。从这一点可以引发到执行力组织的总纲：一般和个别相结合，要给予“个别”充分的放权。

一些领导人喜欢听市场部门调查的一些小报告，往往以这些小报告来决定此策略是否执行到位，而这些市场调查的人又不了解整体的市场情况，仅仅从一些个别情况去武断地推论全部情况，因为他们根本不了解策略实施的真正内涵，没有从效果上去衡量策略的实施，而是从过程中去推论策略的执行。究其原因，还是他们不了解策略的全部。其结果必然导致策略不能有效的完整地实施，影响执行力。

建立核心价值观

核心价值观（core value、motto、principal）就是指企业在经营过程中坚持不懈，努力使全体员工都必需信奉的信条。核心价值观是企业哲学的重要组成部分，它是解决企业在发展中如何处理内外矛盾的一系列准则，如企业对市场、对客户、对员工等的看法或态度，它是企业表明如何生存的主张。

如宝洁公司的核心价值观是：

（1）领导才能 leadership

（2）主人翁精神 ownership

（3）诚实正直 integrity

（4）积极求胜 passion for winning

（5）信任 trust

执行的价值观是一种执行主体的价值趋向，是为执行内部绝大多数人共同认可的价值观念，是执行文化的根本核心、实质和灵魂。要想拥有独特的执行价值观，要特别注重团队协作精神、平等对待员工、激励与创新等执行核心价值观点的培育与改善，形成执行的文化力，才能保证执行的长盛不衰。当大多数员工接受了这一核心价值观后，可以帮助你做出使每个成员都认同的选择，使他们拥有信心、彼此信任，产生强烈的认同感，构成团结和谐的人际关系，全力以赴地为共同目标而努力。

执行要持续发展，关键在于培育自己的核心价值观。

正如惠普公司共同创始人威廉·休利特所说的："回顾一生的辛劳，我最自豪的，很可能是协助创办一家以价值观、做事方法和成就对世界各地企业管理方式产生深远影响的公司。"

由此可见，西方企业家对如何建立企业的核心价值观深有体会，特别是核心价值观对企业的影响更是认识深刻。与此相反，中国许多企业家并不知道什么是核心价值观，或者以为核心价值观就是将一些时尚流行的管理哲理或警世名言贴在墙上或写在纸上就行了，要不然就罗列出一大堆管理书籍的理论或套路，使企业核心价值观成为挂在嘴上，写在墙上的绣花枕头。

真正的企业核心价值观必需符合如下标准：

它必需是企业核心团队或者是企业家本人发自内心的肺腑之言，是企业家在企业经营过程中身体力行并坚守的理念，如有些企业的核心价值观中有“诚信”的字眼，但在实际经营过程中并没有体现出诚信的行为，那么它就不是这家企业的核心价值观。从这个角度说，核心价值观不能够去追求时尚，世界五百强企业有的核心价值观不一定就是你的核心价值观，如创新、以人为本或追求卓越等，它可以是你价值体系的一部分，但并不一定是你的“核心”价值观。

核心价值观必需是真正影响企业运作的精神准则，是经得起时间考验的，因此它一旦确定下来就不会轻易改变。

所谓核心，就是指最重要的关键理念，数量不会太多，通常是五到六条。很多企业在建立核心价值观时经常有一些错误的理解，喜欢大而全，所以请一些所谓的专业人士撰写出一本本理念手册，殊不知这些理念可能只是哗众取宠的漂亮文字而已，结果是误导了员工又难于形成价值观体系。

执行的核心价值观作为执行文化的核心部分，与其他企业文化要素相比，有其自身的特点。因此，在执行中塑造自己的核心价值观时要遵循以下几个原则。

1.要在一定时期内保持执行价值观的相对稳定

执行的价值观一旦形成，便成为执行中员工共同信奉的行为准则，并长期发挥着作用，而且它还会成为一种的传统，一代一代地延续下去。执行的价值观具有相对的稳定性、连续性和长效性。当然，稳定性是相对的，而不是绝对的。

2.对执行具有约束性

执行价值观决定了执行的基本特征，并根据这些基本特征的需要，把重要的信息反映到组织机构的设计上。这种决定和反映实际上是一种取舍，也是一种约束，即约束执行按照一定的经营理念去进行。对个人来说，执行的价值观是员工行为的准则，是进行价值评价和价值选择的标准或尺度。

3.注意执行价值观的复合性

执行的价值观是一个由基本经济要求、伦理与道德追求、社会奉献追求、社会归属感、成就感、自我实现追求等多个子系统构成的复合价值系统。正是这个复合价值系统，在执行过程中起着机制整合的作用，使执行形成合力，促进执行的发展。

4.以对人的价值关怀为目标

以对的人价值关怀为目标，最大限度地调动人的积极性，这是确定执行价值观的首要原则。执行文化强调以人为中心的管理，强调把人放在执行的中心地位，在执行中要尊重人、理解人、关心人、爱护人。

5.物质和精神共同包容

执行的价值观作为执行文化的一部分，即作为一种文化现象，属于精神层面的东西。反过来说，对物质的看法和观念，同样应当受到关注，即物质也是执行价值观的核心内容。

双重标准的悲哀

当执行的过程中出现两套标准或是两种导向时，就会极大地削弱执行的力量，使事情变得复杂而难以解决。

我们来看一下一位中层管理者的诉说：

“我们的制度其实非常有系统。但是，我的上司在合乎他的意愿时便根据这种制度，在不合乎他的意愿时，就对它视若无睹，推行他自己的想法。

也许他的想法是对的。但是根本上却违背了制度的规定。

在我们公司的内部，对某一职级的员工晋升有清楚的标准，而且一向遵照执行。可是，有一名员工没有达到这些标准，但他却有另外一些我的上司很欣赏的特点——他很乐意进行一些联络同事感情的业余活动。于是，我的上司便要求召开会议，用他个人的影响力说服其他主管，让这位员工升职。其他主管明知不对，但由于他的职权和情面，不好明言，只好当做不知，也希望其他员工不知道便算了。

几个月前，公司接到了一个新的计划，便成立了一个专门的筹划小组。我的上司有一些构想，但是这个小组的负责人（他的职级比我的上司要低）只接受了一部分。其他的则以效率问题拒绝了。结果我的上司便通过更高层的会议，不断下达指令来处理关于新计划的事情，使得筹划小组名存实亡，只能执行指令，自主权和决策权完全被剥夺了。”

从这个无奈的诉说中，我们可以看到执行中双重标准的悲哀。

事实上，制度的确有它的缺陷：缺乏灵活性，束缚人的自主性，有时使组织显得僵化。但是制度的重要优点和功能在于：制度提供的是唯一的标准、公平的标准。在制度之外，运用个人的判断和影响力，似乎减少了制度所带来的僵化问题。但是，这同时也表明，在执行的制度之外高层管理者又建立了一套他们自己的制度，也就是说，在组织的标准之外，他们又建立了一套自己的标准。

当双重标准存在时，必然会产生矛盾。让员工无所适从。这个问题该如何解决呢?

制度束缚执行决策自主性的缘由不在于制度的存在，而在于制度的“静止”。制度是针对环境因素和组织的实际需要而确定的。制度发挥作用的关键在于随环境的变化而不断做出修正。不然的话，很容易僵化。

另一个关键在于制度内容的包容性，如果制度的包容性大，灵活性也大。由于制度标准无法包容其他的标准所以才会出现双重标准的问题。当制度标准能包容另一种标准时，实际上就只存在一种标准。

执行中，坚持标准的唯一化，是对执行人员能力的聚焦，有效推动执行的进行。

双头鸟的悲哀

从前，在一个原始森林里住着一只长着两个头的鸟，名叫“共命”，这只鸟的两个头“相依为命”。遇事向来两个“头”都要先讨论一番，才会采取一致的行为。比如到哪个地方去找食物，在哪里筑巢栖息等。有一天，一个“头”不知道为什么对另一个“头”产生了很大误会，造成谁也不理谁的仇视局面。其中一个“头”想尽办法和好，希望还和以前一样快乐和谐地相处。另一个“头”则理也不理，根本没有要和好的意思。后来，这两个“头”为了该吃什么样的食物而争执起来，那善良的“头”建议多吃健康的食物以增强体力；但另一个“头”则坚持吃“毒草”，以便毒死对方才可以消除心中的怨恨。和谈无法继续，于是各吃各的，最后，那只两头鸟终于因为吃了过多的有毒的食物而死去了。

死去的原因只有一个，因为它有两个头。

执行中坚持关键理念、执行策略及制度等的“一元化”导向，有效地聚焦全体执行人员的精力和能量，才能推动执行有效进行。相反，如果出现“多头”，无论这里的“头”是理念上的还是制度上的，都将造成内部力量的分裂，无形中严重削弱了团队的力量，给执行造成人为的障碍，阻碍执行高效进行。

为了提升你的聚焦能力，你可以在执行中体会并实践一下“愿景”。

在执行中，当你制订出一张清晰的蓝图——怎样，它是愿景。愿景帮助员工了解“成品”是什么样子，愿景代表行为的画像，当员工知道画像完成时是什么样子时，他们就能更清楚地了解现在的执行需要什么，更清楚应该围绕什么去执行，知道什么是他们的中心。当他们面临决策和行动选择时，就能为完成画像做出贡献，他们的每一步执行都代表一枝画笔，为创建愿景添上一笔色彩。

除了创建愿景外，你还得清楚地表达你的愿景，表达是简单的，但却能引起大家的关注。肯尼迪总统召集全国人民，告诉大家他的任务就是要在未来10年内把人类送上月球。里根总统被称为“最伟大的沟通者”，他用“将钱堆放在帝国大厦旁”来形象地比喻一兆美元，而且他的一个演讲撰稿人说：“里根总统甚至能把电话本念得引人入胜。”

愿景不必是任何高谈阔论，也不要让你的员工产生这种想法：“他们似乎在说：‘我有一个激动人心的愿景，现在我们必须把它猜出来。’为什么和我们玩这种捉迷藏的游戏呢？”

无论是理念、策略、制度还是“愿景”等因素，都是为了聚焦执行的力量，以治攻乱。

第 14 章

如何培育组织文化，下属最有执行力？

“敖包”是在草原上生活的蒙古人的一项伟大的发明。它是由大小石块堆积而成的圆形的实心的包状“建筑”。在敖包上面，竖立有木幡杆，上面还挂有一些五色彩带。在蒙古语中，敖包就是“堆”的意思。它通常建在山顶、湖畔或者滩中醒目之处。据说在敖包旁绕三圈，然后再拣三块石头丢到包上，这样就会得到神灵的庇佑；并且，每年6月举行的“祭敖包”的宗教活动也是蒙古人最隆重的仪式之一。

然而经过考证，敖包先于神学的意义却是一种草原中的导航标志。按理说，建造路标是人人得益的事情，并且，牧民每每遇到路标时奉献几块石头也不是什么难事，然而，放牧时还要留意石块并且一路要携带直到遇到路标，的确是件辛苦的活。更何况有那么多人贡献，某个人的几块石头也就无足轻重了。但是如果大家都这么想，那么路标的建设成本的分担就变得棘手了，谁都需要路标，但是谁都有让别人去添砖加瓦自己却坐享其成的心态，最终好事难成。

聪明的蒙古人的解决方案让人拍案叫绝，他们赋予了功能性的路标以宗教的意义，让路过的每个人，都自觉地对发挥路标功能的敖包进行建设，在祈福中，完成了自己的贡献。

“敖包”法则：把握员工的精神和心态，因势利导，推动执行有效进行。

信仰的力量

敖包法则告诉我们，信念将把人们的无意识行为转化为自动、自觉的执行行为。可以说，没有信念，制度就形同虚设；没有信仰，就不会产生持久的执行力。因此，卡耐基说：人们成功的程度取决于人们的信念程度。毋庸置疑，人的因素始终是执行中最重要最关键的因素，员工的心态构成了执行的精神要素，充分理解并把握住这一点，将从根本上推动执行的有效进行。

把握执行中的精神层面

人区别于机器的重要一点在于人是有精神的能动的。人的因素在任何执行的过程中都是贯穿始终的。心理学研究发现，人总是用自己的态度来观察一切的，并会按照自己的认识而采取特有的行为。在你所有的资源中，人始终是第一资源，深刻理解人的心态和精神层面的需求，将帮助你抓住执行中的精神层面，极大地发挥员工的潜力，推动执行的有效进行。

在工作中，员工会普遍表现出以下特质。

1.追求工作的意义

人并非被动地一切照单生活和工作。相反的，人们积极投入生活工作中，从许多信息和线索中摸索其意义和面对环境。对多数人而言，公司对其一生占有重要的分量。人们从工作中寻找理念，了解企业目标和个人所扮演的角色，并从而开始择良木而栖，选择和个人价值感相同的企业驻足停留。每个人对周围环境的变化，竖耳倾听，并且对公司创意和高层主管的动静极为关注。例如，在50年代，当时，惠普创始人比尔·惠烈特和大卫·派卡德所发表的言论，让身为惠普的一分子如数家珍、记忆深刻，从而成为员工行为准则。此外，葛兰素威康的企业文化，则是公司上至高层主管，下至在外部的业务团队，皆以公司最大利益为准则，这也是跨部门及全功能的团队能形成的原因。

每个员工或许可以从分发的工作准则、手册和政策说明书上，窥得执行的文化层面的东西。但更重要的是，员工倾听并关心企业的历史、荣誉，以及企业内部的禁忌，了解到这个企业内的英雄人物，以及被列入黑名单的成员。深处这样的环境之中，每一位员工深深地感受到周围同事和执行团队的影响；其他人的经历协助个人了解这个企业的行为模式，他们的言行也让新进的人员可以感受到组织内部的运作，从而引导新进人员对公司的认知。

如此一来，企业生存最大挑战在于个人和企业唇齿与共的信念及目标。因此，如果员工与公司的共存关系很薄弱，二者之间的认知若出现冲突，将造成员工在企业目标的优先顺序上和如何达成目标上的茫然和困惑。

2.人有自由意志

人不像机器，可以一直照预设程序行事。我们心怀希望，也对未知恐惧；我们有时欢笑，有时哭泣。我们拥有灵魂，也努力寻求梦想。因为人有灵魂，使得冷硬的组织中有情绪，这使得企业中产生信赖和承诺，启发愉悦的气氛。惠普企业内的信赖和承诺，便是来自于认定员工是企业灵魂这个概念，并规定每一名员工为无可取代的独立个体。企业主倘若能理解情绪在员工所身处的工作环境中的重要性，便可密切掌握到员工和企业之间的关系。

人不像机器，我们可以选择是否分享知识、点子、创意，还是暗藏招数。如果员工所处的环境，能让每个人充分表达情绪和情感的话，员工才会感受到择到良木而栖，也才愿意对公司付出，并且给予承诺。倘若员工是处在一个不信赖、互相猜忌的环境，员工的情感便不愿真实地表现出来。如此一来，员工不会把个人拥有的知识，创造力与企业分享；假如企业主能够营造一个让员工的点子，能够上达到高层主管，且让员工在企业内能编织梦想，让他们感受到努力就能够获得公司的认可，并觅得升迁发展的可能性，员工一定会乐于分享所知，并激发出难以想像、前所未有的创意。

从上面对执行中人所表现出的特质可以看出，员工的心态对执行的影响是至关重要的。经过研究分析，心态大体通过三个步骤对执行构成重大影响。

第一步：顺从目标。在执行氛围的影响下，外显行为与他们一致。没有深刻的认识和情感，比较表面化，受外部控制，对公司的发展目标有粗浅的认同而表示顺从。

第二步：认同方式。喜欢公司的文化和行为方式，或与同事的交往比较顺畅，内心乐于与他们一致，采取相同的表现。有较多的情绪情感掺入，是主动过程，外界惩戒已不再影响心态，逐步从内心对公司的行为方式表示认同，成为企业文化的重要成分。

第三步：内化规则。将自己的信念与外界事务的情感认同联系起来，并使之成为人格的一部分。在这种情况下，员工不再把规则视为外在的束缚，而成为一种内在的自律行为。执行便成为一种默契的行动。

这样看来，将执行的目标作为一个“愿景”的话，第一步，必须顺应目标；有了正确的心态之后，可以形成一致的认同方式，最后使执行的规则得到内化，这样最终就能够达到目标。

人的因素始终是最重要最关键的因素，员工的心态构成了执行的精神要素，充分理解并把握住这一点，将从根本上推动执行的有效进行。

让擦地板的员工也自豪

比利时杨森公司创办于1953年，1961年加入美国强生公司。现在杨森已成为世界上开发新药最多的制药公司之一。杨森公司创始人杨森博士一生的主要追求是将更多更好的新药介绍给更多的人。他对中国怀有好感，说："如果我发明的新药不能供占全世界人员1/4的中国人使用，那将是莫大的遗憾。"于是，在1982年初杨森公司就主动到中国尝试合作。

合资企业的工人和中层管理人员是由中国方面的几家合资企业提供的。起初，他们在管理意识上比较涣散，不适应严格的生产要求。有鉴于此，合资企业在管理上严格遵循杨森公司的标准，制订了严格的劳动纪律使员工逐步适应其管理模式，培养对企业和社会的责任感，优厚的待遇是西安杨森吸引和招聘人才的重要手段。同时，他们还特别注重员工队伍的团队精神建设。经过大力进行企业文化建设，员工的素质得到了不断提高，对公司产生了深厚的感情，工作开展得更为顺利。特别明显的是，在20世纪80年代后期困扰公司的员工稳定问题得到了很好的解决。当时由于观念的原因，许多人到西安杨森工作仅仅是为了获得高收入，当自己的愿望得不到满足时就产生不满，人员流动率连续几年高达60%。如今，他们已使员工深深地认同公司，喜爱公司的环境和精神。1996年和1997年人员流动率已处于6%~10%。

西安杨森的管理实践充满了浓厚的人情气息。每当逢年过节，总裁即使出差在外、休假，也不会忘记邮寄贺卡，捎给员工一份祝福。在员工过生日的时候，总会得到公司领导的问候，这不是形式上的、统一完成的贺卡。而是充满领导个人和公司对员工关爱的贺卡。员工生病休息，部门负责人甚至总裁都会前去看望，或写信问候。员工结婚或生小孩，公司都会把这视为自己家庭的喜事而给予热烈祝贺。公司还曾举办过集体婚礼。公司的有些活动，还邀请员工家属参加，一起分享大家庭的快乐。西安杨森办的内部刊物，名字就叫《我们的家》，以此作为沟通信息、联络感情、相互关怀的桥梁。

西安杨森也因此得到了应有的回报，员工在充满人情味的环境中工作，没有不努力工作的，而且这样的努力并没有谁去强迫，完全是自愿的。

从杨森的成功经验中可以看到，在执行过程中，领导人员要善于跟员工沟通，了解员工的心理和情感需求，利用“亲和的需要”，满足员工的心理愿望，执行的结果不仅仅应该是领导者关注的，也应该是每一位参与其中的员工所应该投入情感的。让员工工作自豪，哪怕只是擦地板，这样调动积极性的方法，无疑提高了员工与执行中领导人员更好合作的愿望和能力。

以下我们提出几点满足员工“亲和需要”的方法：

（1）多跟员工交谈，让他们有拥有感。同时，交谈是获取信息的重要来源；

（2）绝不冷落任何一位员工，职责的差异不应该导致情感的差异；

（3）让每一位员工知道，执行中任何一个都是不可或缺的，哪怕是擦地板的工作，都值得自豪和骄傲。

无论是塑造浓厚的人情气息，还是满足员工的亲和需要，都是为了尊重每个人的情感和人格，提升他们的精神力量。执行中，事无巨细，都是必不可少的。同样，执行团队只有职务分工的不同。充分关注每个员工的情感和心理需求，因势利导，让每个员工都为自己的工作自豪。即使擦地板，也是执行中不可或缺的力量。这样，才能全面理解他们的情感，获得精神上的支持，推动执行的有效进行。

尊重员工的私人身份

每个员工首先是一个追求自我发展和实现的个体人，然后才是一个从事工作有着职业分工的职业人。执行的领导人员必须对这一点有一个清醒且坚持的认识，把握执行中员工的精神层面，从尊重开始！

很多管理者认为员工喜欢逃避工作，经理必须加强管理，加强监督，甚至采取一些强制的手段，把员工的时间全部占有，让员工时刻都在自己的视线范围内。管理就是要严格，唯有严格才可以体现自己的威严，才算是尽职尽责，才能出成绩。他们鄙夷所谓的理论、观念和方法，在他们看来，只有所有的时间员工都在工作，手中不停地有事可做，才最令他们放心，而这就是最好的管理方法，也只有如此，自己才对得起公司给的高薪，自己的价值才能得到体现。

在人性化管理被普遍提倡的今天，这种管理风格显然要受到质疑和挑战。

这种典型的X风格的管理使得新经济下的知识型员工难以忍受，知识型的员工需要的是流畅的工作流程，高效的团队合作，懂管理会领导的经理的指导，而不是事事被安排，时时被监督。他们更愿意在工作上展现自己的个性，体现自我的价值，得到能力的提高和业绩的提升。作为领导角色的人员，你可能信奉敬业奉献、全心付出、一心为公的职业准则，你可能认为把工作视为生命的全部才最值得提倡。所以你经常以这样一个高度要求你的员工，希望他们和你一样，希望他们在工作的时间全心投入，把工作带回家，在节假日来公司加班，将工作视为生命的重心。

但是，对于大多数人来说，工作并非他们生命的全部：并非每个人都像你一样敬业，一心只为工作，也不是每个人都发自内心地愿意接受你的监督，时时受你的管制。相反，员工希望能有更多的时间考虑个人的发展问题，希望在工作的时间补充知识，提高技能，希望能有充足的时间休息娱乐。如果员工作为个体受到了你的尊重，自我发展和自我实现的欲求得到了重视和满足，他们才更愿意用心工作，更愿意接受你的加班要求，更加有效率地完成你的指令。

马斯洛的需求层次理论告诉我们：人的需求遵循生理需求、安全需求、被尊重的需求、人际交往的需求和自我实现需求的递增规律，只有低层次的需求得到满足之后，人们才可以更加安心地工作，更愿意全心作付出，达到自我管理和自我实现。对于员工来说，生理和安全的需求都比较容易被满足，但在被尊重的需求上，许多的员工都抱有怨言，认为自己经常不被尊重，经常被上司视为己有，时刻受到上司的监督，被管制得很严，没有一点时间可供自己自由支配，自己的想法无法得到实现，工作环境很压抑。如果上司允许，他们更愿意主动地工作，独自创新，用自己的能力实现自己的主张。每个员工都是一个小“发动机”，这个“发动机”能否有效运转和经理的风格有关，和经理加油的力度有关，如果员工没有被发动起来，经理就要反思自己的管理风格了。

尊重员工也是人性化管理的必然要求，只有员工的私人身份受到了尊重，他们才会真正感到被重视，被激励，做事情才会真正发自内心，才愿意和经理打成一片，站到经理的立场，主动与经理沟通想法探讨工作，完成经理交办的任务，甘心情愿为工作团队的荣誉付出。

大部分人都喜欢享受工作，喜欢有领导魅力的经理，有着高度的自觉性和进取精神，把工作视为生活中的重要内容，愿意为自己喜欢的工作付出，愿意为尊重自己的经理分忧解难。如果持续受到尊重，持续得到认可，员工们愿意和经理成为朋友，成为互相促进的工作伙伴。他们不希望自己一天的时间都处在经理的监督和管制之下，不愿意在享受家庭生活的时候被经理的电话骚扰，更不愿意在自己梦乡的时候被电话吵醒。他们更喜欢在上班的时候能有更多的时间自己安排工作计划，能对工作有更多的主动权，能驾御更多的工作内容，如果没事的时候，能上网浏览信息或者读读自己喜欢的书籍，和自己欣赏的人探讨工作和生活。他们也希望在下班的时候暂时忘掉工作，享受家庭团聚的温馨，与好友一起娱乐一把，聊聊天，叙叙旧。他们不希望一天24小时内都时时挂念着工作，时时处在备战状态。

尊重员工就是给予员工一个私人的空间，即使是在上班时间。作为经理你不可以也不可能每时每刻都监督在员工的身边，你所能做的就是指导帮助员工学会时间管理，利用好自己的时间，做好自己职责范围内的工作规划和计划，做好自己的发展计划，用计划和目标管理员工。依据“二八”法则，员工自己喜欢的工作只占全部的20%，如果能给员工时间让他们做好这部分他们喜欢的工作，相信他们的工作会更有效率，更有成绩。你无须时刻都对员工灌输所谓的敬业奉献，你也不用害怕员工自己管理不好自己。你应该对员工的自我管理水平抱有信心，对他们进行指导和帮助，帮助他们树立信心，帮助他们正确认识和评估自己，帮助他们有效规划自己的工作，安排好自己的时间，提高必备的工作技能和知识的储备，提高工作的效率。尊重员工就是让员工学会对工作负责，自己主动承担工作，提高自我管理水平。在尊重的基础上，员工将沿着柯维先生所提倡的依赖——独立——互赖的发展过程有序地发展提高，最终满足员工自我实现的欲求，达到团队合作，共谋发展。

人性化的管理就要有人性化的观念，就要人性化的表现，最为简单和最为根本的就是尊重员工的私人身份，把员工当作一个社会人来看待和管理，执行中对员工精神的把握就从尊重开始吧。

文化、信仰的贯彻

如果你要寻找美国企业中的佼佼者，佛罗里达州的迪士尼世界（也称迪士尼乐园）无疑是有史以来最出色的。在忙碌的夏季，一天中最少也有10多万人光临迪士尼世界，乐园在2002年接待了大约2 300万来自世界各地的旅游者，总收入达7.3亿美金。到底是什么吸引了这么多游客，并达到如此高的收入呢？一句话，就是乐园的注册商标“米老鼠”具有不可抗拒的魔力。

如何能够维持这一处装扮出来的景色长盛不衰呢？人们见到的是一座巨大的舞台，但是要使这座舞台真正活跃起来却需要表演，迪士尼公司优于他人之处就是训练其工作人员在这座舞台上进行逼真的表演。

迪士尼公司中没有人事部门，招聘工作由演员中心负责，每位新受雇的人员都必须先在瓦尔特迪士尼大学中接受传统方式的培训。迪士尼公司精心安排训练的每一个细节，目的是要使其工作人员明了，迪士尼世界首先是一个表演企业。

每天的训练总是以赞扬式的回顾开始，当训练人在班上讲述米老鼠、白雪公主等等这些奇妙的形象时，他是在向新来的人敞开瓦尔特迪士尼有关这座梦幻王国的想象，训练人制造一种气氛，似乎瓦尔特本人就在房间里，正欢迎新的工作人员来到他的领地，其目的是使这些新的工作人员感到自己是这位乐园奠基人的合作者，和他共同来创造世界上最美妙的地方。一家大公司向其工作人员灌输本身的价值，恐怕没有再比迪士尼乐园更好的办法了。

员工们首先需要学习的是，要对游客友好、客气、彬彬有礼、有求必应。要让他们觉得来到迪士尼世界所花费的美金是值得的，然后才是学习怎样在生动活泼的表演中充当一名演员。培训本身也是一种演出，或者严格一点说是一种彩排，是由训练人员口传身授的。让每一个人明确他在表演中扮演的角色，在传统的培训方式完成之后，新的工作人员进入乐园实习三天。

员工们必须牢记，从来到大街的那一时刻起，就登上了舞台，就得时时面带笑容，要记住你所扮演的人物要说的话，记住当人们在市政大厅门前时，你要给他们讲些什么，记住你要笑容满面，记住你在帮他们消磨时间，这些都是头等重要的大事。对迪士尼的人员来说，列队通过大街是最长和最苦的差事，但他们的步法、姿势整齐一致，对游客来说实在是一种地道的款待。乐园强调，不在演员名单上的人，绝不允许偷看一个除掉面具的角色，那种头戴面具的印象必须永远保持，这些演员接到指示在任何情况下都不准破坏角色的形象。

迪士尼被称为完美画面里的活动，但这里的一切并非目力所及，迪士尼世界全部舞台实际是在舞台之下，乐园之下的地面一层是称作地下乐园的隧道网络，设置在这条地下隧道中的是一个控制灯光的计算机中心，一家为工作人员设立的咖啡店和一处藏衣室。每天一早干干净净的戏装提供给演员，由于众多的节目和大量的库存，这里是世界上最大的藏衣室。躲在这谢绝一切游人的地下隧道之中，工作人员可以吸烟、进餐、喝水和化妆，一般地说也可以像在真实天地中那样自如的行动，然而他们一旦被送出隧道，穿过僻静角落中不显眼的门洞进入上面的魔幻王国，他们就再次来到舞台之上，进行人们预期的表演。

收获是显而易见的，这一魔幻王国很快就成了一个童话世界。

时间流逝，但这里仍盛况空前，人们被这里的魔幻气氛所吸引不断涌来，而一旦步入园内就会忘乎所以，仿佛真的回到了童年时代。

迪士尼公司首先为自己的企业价值进行了准确、清晰的定位，即：表演公司，为游客观众提供最高满意度的娱乐和消遣。如何实施公司的这一定位呢？必须依靠员工。公司最终提供给顾客的产品和服务，必须要由员工实施。所以迪士尼强调：将企业价值灌输给工作人员。这种灌输从招聘环节就已经开始了，同时也体现在员工的训练中，就连整个游乐园的设计也充分显示了这一管理思想。迪士尼的目标就是：不惜一切来确保其1.9万名工作人员中的每一个人都明白自己角色的信条和重要性，而这些信条又恰好是企业的价值所在。

所以整个案例体现了这样一种思想，就是执行的文化、信仰的贯彻较之于其他方面更为重要，也更为复杂，是有效执行的关键所在。

获得执行的精神支持

虽然执行中大多数重要的决策都是领导者做出的，但在实际上，每一个员工在具体的执行中都做出了许多无形的决策。这些决策会产生正面和负面的效应。正是这些小小的看似无关紧要的决策组成了决定执行成败的关键因素。从这一点上看，员工的心态和精神状态是导致执行成败的根源。只有充分分析、理解和把握他们的心态和情感，才能全面地考虑执行中的决定因素，推动执行有效进行。

为了在执行中获得员工的精神支持，你需要好好体会一下以下几点。

1.认识你的员工

你可能并不知道如何精确地给“员工”下定义，但是，你必须明白员工的整体素质和心态决定了执行的命运。今天的员工与10年前或者5年前已经有很大的区别了：他们想与众不同，希望被关注，追求更广泛的价值，喜欢良好的气氛和工作环境胜于薪水，他们不希望庞大的组织，他们对自己认为值得做的工作更富有责任心，如果你给予他们机会他们会更富有创造力……认识你的员工，是把握引导他们心态的前提。

2.关心你的员工

你关心他们，他们才会关心你，关心实际的执行。这是再简单不过的人情世故。做一个关心员工的领导者，极力地帮助员工解决困难；对他们的成功表示高兴，对他们的失败表示关切；关心他们的训练、发展与事业历程；当员工有所需要时，适度地给予建议和咨询；随时对员工给予关注。真正关心员工的领导者应该是这样的：注意到下属脸上突然长出的一个红痘；知道哪一位员工的家里出了问题；并留意看是否能提供任何帮助；当员工个人有困难时，会在他们开口之前，就给他们时间以解决问题；有时候，甚至打破常规来表示关怀；但最重要的是，主动去看有问题的员工，并了解事情的进展。

3.给员工安全感

员工的安全应该仅次于利润的确保，而成为战略性的管理目标。当你对员工只有空洞的承诺，没有使他们有足够的安全感，他们是不会认真执行的。所以，你要从他们的角度看问题，给他们以安全感：提供日常的安全基础，当他们不知道发生了什么事情，或不知道上司对自己的看法时，不安全感会增加。他们会产生怀疑，谣言可能会因此而产生。让员工了解他们应该了解的事情，实话实说，让员工知道真相；对员工进行直截了当的谈话和诚挚的沟通。这对降低员工的不安全感是很重要的。面对一颗真诚的心，又有谁会感到不安定呢？最后，应尽量使员工的薪资和职务确保，经济基础是至关重要的因素。

第 15 章

如何正念领导，下属最有执行力？

A

路边开满了带刺的蔷薇花，三个步行者从这里路过。

第一个脚步匆匆，他什么也没看见。

第二个感慨万千，叹了口气："天哪！花中有刺。"

第三个眼睛一亮："不，应当说刺中有花。"

第一个人麻木，他看不到风景；第二个人悲观，风景对他没有意义；第三个，才是执行者的风范——乐观。

B

路边的蔷薇热烈地开着，三个人走了过来，入迷地看着。

第一个欣喜若狂，伸手就摘，结果被刺得鲜血淋漓；

第二个见此情景，赶紧缩回了正想摘花的手；

第三个则小心翼翼地伸出手来，把其中最漂亮的那一朵摘下来。

当晚，三个人都做了个梦：第一个被梦中的刺吓得大喊救命，第二个对着梦中的蔷薇无奈地叹着气，第三个则被花的明媚簇拥着，在梦中，他听到了蔷薇花的笑声。他才是最好的执行者——做而且做好。

C

老师在上课，津津有味地讲着蔷薇。

讲完了，老师问学生："你最深刻的印象是什么？"

第一个回答："是可怕的刺！"

第二个回答："是美丽的花！"

第三个回答："我想我们应当培育一种不带刺的蔷薇。"

多年以后，前两个学生都无所作为，唯有第三个学生以其突出的成就远近闻名。因为他是一个积极乐观的执行者。

“蔷薇”法则：乐观和积极的态度让你的执行力无与匹敌，消极是执行最大的障碍。

正念，是一种领导力

积极的人与其他人的重要区别在于他们具备积极的思想，这样才能做积极的事情，这种魅力就必然吸引积极的人。成功的领导者完善了这一特性，并使其发挥作用，产生良好的效果。这样的人是别人希望追随的；当然也是紧要的人。从这个角度来讲，你要做一个积极的领导者，并用这种积极乐观的态度去感染整个执行团队，推动执行的有效进行。

做成事情的自信心在让他人变得坚强的过程中具有特别重要的意义。仅仅知道如何去做好事情，并不必然意味着他们就会做。让别人付诸行动不仅仅是一种技巧，它是在自我决策方面影响个人内心固有需求的关键一步。我们中的每个人在内心里都有一种去影响别人和时间的主观愿望，从而去实践能够维护我们的生活秩序和稳定性的那种人生理念。如果感到自信，我们就能恰当地处理紧急事件以及面对将我们推上领导岗位的人们。像优秀的领导者那样，会采取措施，创造条件以强化下属们的自尊和内在的意识。

你是执行的领导者，更是执行的精神领袖。如果你有积极乐观的执行态度，必将给整个执行团队带来光明和力量。

直面残酷现实，决不失去信念

执行的过程，是解决矛盾和困难而达到最终目的的过程，这其中必然存在着很多的暗礁和暴风雨，当整个执行的团队和进程陷入困境时，需要全体成员戴着坚强积极的信念，直面残酷的现实。态度决定一切，拥有积极的信念，破冰前行。

在20世纪60年代后期，当宝洁公司进军造纸业时，当时斯科特纸业（当时的领头企业）在毫无反抗的情况下就甘居第二，并开始寻求多元化发展。“1971年公司召集分析师开会，这是我参加的最令人沮丧的会议之一，”一位分析师说，“管理部门实际上已经丢失了毛巾业务，却还说我们曾经拥有。”这个一度自以为是的公司，现在开始正视自己面临的竞争，但他仍说，“我们这是在逆境中积累经验，”又强调说，“哦……至少有些人的生意，做得比我们还糟糕。”斯科特纸业只知道去尽力保护那些已有的东西，而不会进行反击以取得胜利，公司希望通过把主要市场让给宝洁公司，而自己躲避到其他商品的经营中去，以避免遭到入侵地盘的怪兽的伤害。

另一方面，金伯利-克拉克公司却把与宝洁公司的竞争当作一笔财富，而不是一种灾难。

金伯利-克拉克公司的董事长达尔文·史密斯和他的管理队伍，都为能和最好的公司一争高下而兴奋不已，把这看作使金伯利-克拉克公司更加优秀和强大的一次机遇。而且公司还把这看作激励上司上下提高竞争力的方法。在一次内部会议上达尔文·史密斯站起来，以这样的话作为开场白：“好吧，我们希望大家都站起来，并沉默片刻！”每个人都四处张望，对达尔文接下来要干什么很困惑。难道有人去世了？然后，片刻的迷茫之后，他们都动了起来，恭敬地低头注视双脚。在适当的沉默之后，史密斯抬起头望着众人，并以一种肃穆的口吻说：“刚才是在为宝洁公司默哀！”全场一片哗然，布莱尔·怀特，一位目睹了这次这次事件的董事，这样说：“他用这种办法使公司从上到下都兴奋起来，我们就像是与巨人歌利亚较量！”后来韦恩·桑德斯（史的继任者）向我们表示，与最好的公司进行竞争会带来许多好处：“我们能找到比宝洁公司更好的对手吗？不可能！我这样说，是因为我们非常尊重他们。他们比我们更强大。很有才能，营销上也有一手。所有的竞争对手都被他们赶入地狱，只有金伯利-克拉克公司除外。这是我们引以为豪的事情之一。”

斯科特纸业和金伯利-克拉克公司对待宝洁公司的不同反应，给我们带来了至关重要的观点。当面临严酷的现实时，实现跨越的公司使它们自己更强大、更有弹力，而不是变得软弱和丧失信心。兴奋的感觉来自勇敢地面对困境，并对自己说：“我们永远不会放弃，我们永远不停止抵抗！”虽然这可能需要较长的时间，但是我们总会找到一条成功之路的。

著名的斯托克代尔告诉我们，将人们区分开的不是困难的有无，而是对待生活中无法逃避的困难的态度。在面对命运的挑战中，斯托克代尔（你必须坚持你一定胜利的信念，同时还得面对现实中各种残酷的现实）被证明是更为有效的，它可以使你在遭遇困难之后，不是变得软弱，而是变得更强大——不仅仅是对我而言，对于任何一个明白这个道理并加以实行的人来说，都是有效的。这个道理同样适合于团队的执行。拥有坚强的积极的信念，将使团队的力量得到极大地升华与提高。

做积极的执行领导者

积极的人与其他人的重要区别在于他们具备积极的思想，这样才能做积极的事情，这种魅力就必然吸引积极的人。成功的领导者完善了这一特性，并使其发挥作用，产生良好的效果。这样的人是别人希望追随的；当然也是紧要的人。

领导者明白，积极的态度可以造就或打破一个紧张的形势。他们知道，社会中消极论的影响不断地扩大，并对生活的各个角落发挥着破坏性的影响。领导者知道在这样的环境下，保持积极的态度并不容易，但这却是拓展其他领导特性和技能的关键。

以下是五个能使态度变得积极有力的最重要的因素。

1.从积极的角度看事物

你能不能辨别只在某种特定场景下才正确的事情？你是否在没有把握的时候不对他人做不利的判定？一个人变得更积极的最好方法就是发挥积极的思想，做积极的事情。如今，各种挑战促使人们不得不变得更加积极。这样也很好，因为积极的人在生活上会更具有热情。

2.高度重视你的态度

一个领导者的态度是其最有价值的财产。高度重视自身态度的领导者，是不可能让别人无视于他们的态度的。而一个尊重自己、实实在在认为自己的积极态度有价值的人，需要有意识地保护自己的态度、抵抗入侵者。正如你保护自己的信用卡、锁上家里的门、在轿车里安装安全系统一样，你的态度也需要保护。高度重视态度的领导者比那些不重视态度的会更成功，主要是因为他们也重视别人的态度，并擅长于看到形势的两个方面。

3.成为一个大家认为是朋友或者同事的人

既然大多数人喜欢围绕在快乐而精力充沛的人身旁，那么真正成功的领导者显然是快乐、有活力、精力充沛的人。领导者重视生产力，尊重能挑起重担的员工或者说追随者。这样的领导者是优秀的团队行动者，并铸造团队灵魂。他们高度评价忠诚、诚实、正直、道德规范和其他这种类型的价值，并且实践着他们所高度赞扬的这些品质。成为你自己最好的朋友会是迈向高度评价自己的一大步。领导者在这个忠告里找到了成功的途径。

4.减少促使紧张和压力的行为

总的来说，领导者比管理者承担着更多的压力。而恰恰是他们所承担的责任为自己制造了压力。然而，成功的领导者已经了解到，要达到生活上的平衡包括良好的压力释放——散步、手工劳动、购物、阅读，等等。领导者要保持健康的精神状态的关键是：识别导致压力的原因——在他们自己以及别人的生活中——并使用科学手段进行减压。

5.为你的态度负责

一个真正领导者的态度是真实、诚恳和可信任的。没有什么比虚假、肤浅的行为特性，更容易导致领导者失去可信度了。领导者承担不起失去可信度的后果，所以会尽一切努力去保护他们的可信度，总是比任何需要进行选择的情况可能产生的结果要好得多。

当你成为一个乐观积极的执行领袖时，在执行中你将表现出二者的升华——坚韧性。

坚韧性指具备挫折耐受力、压力忍受力、自我控制和意志力等。能够在艰苦或不利的情况下，克服外部和自身的困难，坚持完成所从事的任务；在非常困难的环境下坚持工作，或在比较巨大的压力下坚持目标和自己的观点。

坚韧性首先表现为一种坚强的意志，一种对目标的坚持。“不以物喜，不以己悲”，认准的事，无论遇到多大的困难，仍千方百计完成。克劳塞维茨的《战争论》中有一句很著名的话：“要在茫茫的黑暗中，发出生命的微光，带领着队伍走向胜利。”战争打到一塌糊涂的时候，将领的作用是什么？就是要在看不清的茫茫黑暗中，用自己发出的微光，带着你的队伍前进。谁挺住了最后一口气，胜利就属于谁。其次是在工作中能够保持良好的体能和稳定的情绪状态，例如：有较强的耐受力，能够经得起高强度的体能消耗；面对别人批评时能够保持冷静；在与同事、领导和客户的冲突时，能够克服烦躁的情绪，保持冷静。

信心足则道路宽

做成事情的自信心在让他人变得坚强的过程中具有特别重要的意义。仅仅知道如何去做好事情，并不必然意味着他们就会做。让别人付诸行动不仅仅是一种技巧，它是在自我决策方面影响个人内心固有需求的关键一步。我们中的每个人在内心里都有一种去影响别人和时间的主观愿望，从而去实践能够维护我们的生活秩序和稳定性的那种人生理念。如果感到自信，我们就能恰当地处理紧急事件以及面对将我们推上领导岗位的人们。像优秀的领导者那样，会采取措施，创造条件以强化下属们的自尊和内在的意识。

没有自信心，人们在面对严峻考验时会缺乏必胜的信心。建立自信的过程，就是积聚人们内心力量的过程。正是对自己的技术与决策能力有坚定的信心，才能在未知的领域毅然前行，才能做出艰难的抉择，才能坦然面对反对的意见及类似的声音。

众多的实证研究揭示，自信是能够影响个人业绩表现的。在某项研究中，经理们被告知决策是通过实践发展起来的一门艺术，个人对其钻研的越深，就会变得能力越强。另一组的部门经理们被告知决策过程可以反映他们的基本智力水平，对事物的悟性越高，决策能力就越强。两组经理人员与一家虚拟的组织一起工作，他们处理一系列的生产订单，对不同的员工需求数量进行决策，建立不同业绩水准的目标。当面临比较难以完成的绩效指数时，那些相信决策能力是一种可获得技术的经理们能够持续地达到具有挑战性目标，运用较好的解决问题的策略，促进组织的生产效率。那些认为决策能力是天生（意识是要么你有，要么你无）的经理，在遭遇困难时对自己已经失去了信心，这些人降低了自己对所在单位的志向和抱负，其解决问题的能力会僵化，组织的生产率会下降。

在一系列的研究中，一组经理人员被告知组织及员工具有可塑性或者可预测性；另外一组经理人员被告知“雇员们的工作习惯不容易改变，即使在良好的指引下也是如此。细微的变化并不必然改善总体的结果”。那些相信通过自己的行动可以影响组织成就的经理人员，比那些对极小事情也很难施加影响的经理人员更能取得高水平的工作业绩。一项关于入门水平的会计师的研究揭示，那些高度自信的人由于工作表现出色，10个月后被监管人员批准获得晋升。他们的自信水平比其受雇之前接受的实际技能或训练水平更能准确地预测工作业绩表现。

正如这些研究及经验所强调的，不管遇到多大的困难，充满自信，对自己处理事务的能力毫不怀疑，在不断提高自身和保持不断努力方面都是最基本的。通过与下属保持接触，能够让他们相信自己以及他们都能获得成功，领导者总是坚持不断地帮助别人发展壮大。

拥有充分的自信，才能有积极乐观的执行态度。这种自信不仅是对自身的能力的认可，更是对整个执行团队的资源和能力的深刻认同。

让整个团队都自信起来，拥有积极乐观的心态，会发现更多的执行道路，推动执行的有效进行。

积极期望的魔力

积极的期望产生积极的结果。它们还在我们心中创造积极的思想。不管是对自己还是对别人，积极的未来首先是在我们的内心构思成型。研究人员说：“我们看到了，我们已经在内心想象到它了。”耳听为虚，眼见为实，其结果将会是人生的自我肯定和自我升华。

很早以前，运动员就懂得，精神状态能够影响比赛成绩。除非我们积极地以胜利者的姿态出现，否则很难产生导致成功的行为。无数行为实验表明，积极的思想能够让集体更有效率，缓解病的症状，提高学生、士兵和商人的成绩。

另一个更加有趣的实验也证明，积极的思考对成绩有多么大的影响。

将大家分成不同的组，首先向他们传授保龄球技术。接下来，球员开始练习。这些人的练习情况被录像记录下来，一个组的球员只能在录像中看到自己表现好的一面，另外一组只能在录像中看到自己表现差劲的情况。只看到积极一面的球员，其球艺提高明显比另一组球员快得多。

研究人员还接触到了一名新生，名叫科蒂。当他还是一名高中生时，他就在一所小学担任小学生足球队的教练了。他说：

“第一年我是一名助理教练，主教练对足球很内行，对于年纪大一点的孩子来说，他没准能成为一名出色的教练。但是他对于小孩子的态度不够积极，而这一点对任何球队来说，都至关重要，特别是对一只少年球队来说，尤其如此。但他只指出孩子的缺点，却很少会说出他们成功的地方。

没过多久，孩子们就开始产生厌倦情绪，教练看上去总是不停地大喊大叫。很快，训练的出勤率开始下降，孩子们已经失去了对足球比赛的热情。很明显，他们没有乐趣。轮到我在比赛或者训练结束做总结讲话时，我总是试图去鼓励他们以振奋他们的精神。但是在主教练的批评之下，他们已经彻底打蔫了。不用说，这个赛季很不成功，不但是在比赛的成绩方面，而且孩子们也没有从中获得任何乐趣。

第二年，我成为主教练，还有一位高中的朋友作为助理教练，我带领的是同一批孩子，比赛时对手也是同样的球队，踢的是同样的比赛。这一年我们没有被打败，甚至比那更好，每个孩子都有很大的提高，都愿意花更多的实践来玩足球。进入比赛季节的几周时间里，我开始暗自琢磨，与上个赛季相比为什么这支球队的成员基本来了一个180° 的大转弯。我发现的第一个现象就是上场训练时写在孩子们脸上的微笑。孩子们对训练充满了极大的热情。为什么呢？因为我始终保持着一种积极的态度，遇到某种情况，先前的教练会说：“这里你错了。”而我喜欢说：“这一点你做对了，”然后接着说，“有两三个地方你可以做得更好。我希望孩子们对其他队员也要持积极态度，我要求上场比赛的球员对他们踢出好球时要相互转告，出现差球时要相互鼓励，而不是对他们大声嚷嚷：你为什么没有接到球？那球根本不难接。一名比赛队员应该听到这样的安慰：下次你肯定没有问题。经常这样说，他肯定能够接住下一次传球。

科特已经明白较高的期望会导致好的成绩。通过树立积极的态度，他能够改变球队中孩子们对自己和对他人的行为方式。正如他所说的那样，如果人们感觉自己好像是被击败了，再加上一名悲观的教练，或者受到队友们的冷嘲热讽，他们的行为和表现就像是真的被击败了一样。但是假如你经常地鼓励他们，激发他们的动力，他们就会有杰出的表现。

很明显，在我们领导别人之前，必须相信别人，相信我们自己。较高的期望作用非同寻常。拥有信心，我们就能改变和开发新的技术和能力，它不但是对下属，而且对持有这种观念的领导者都具有神奇的魔力。

态度决定一切

态度其实是一切，它是你每天对生活所作的回应。作家罗本森（Adam Robinson）指出："态度是一个人的信仰、想象、期望和价值的总和。它决定了事物在个人眼中的意义，也决定了人们处理事情的方式。"

态度令人们成功。每个人都会经历各种艰难，然而他们乐天的积极态度让他们重新崛起。态度决定着一切。每个人每天产生5万个想法，其中每一个都会影响你所有的细胞，这也是态度会影响你产出的原因。如果你带着积极的期望，那么你就会表现得慷慨、乐助、决断英明且富有创造性；如果是消极的，在处理问题时，你就会显得乏力、软弱、缺少突破，因为这时你的情感非常脆弱并缺乏安全感。

你是执行的领导者，更是执行的精神领袖。如果你有积极乐观的执行态度，必将给整个执行团队带来光明和力量。

为了让你的积极乐观的态度最大限度地影响整个执行的进行，你还可以考虑一下以下两个问题。

1.积极的力量是什么

一方面，积极的力量是一种乐观的企盼；另一方面，它是一种从领导者身上散发出来的活力，牵引着整个团队进入一个相互关联的圈子。一旦这种力量启动了，就开始制造活力和信心，鼓舞和驱使每个人行动起来，并扫除障碍。这种积极的力量让人们踏上正确的轨道并保持全速前进，它就来源于执行的领导者的乐观积极的态度的感召，在执行中将得到证明。

2.如何创造积极的力量

积极的力量多半是执行的领导者们用自己的方法创造出来的。比如，渲染角色的位置，让他们成为执行的领袖；通过所学的知识，使追随者通过应用研究和调查技巧变得有创造性和创新性；把个人力量扩大，并向各个方面散发能量；展示个人活力，表现出一种传递力量的姿态。

就像一颗被扔进池塘的石头，乐观积极的态度启动了积极的力量，这种你个人所持有的特性，被推向越来越大的圆圈。

积极的态度，积极的力量，必然导致积极有效的执行。